Meine Familie – mein Leben

Eine Hommage an die Großfamilie

Francine Feuné

Meine Familie – mein Leben

Eine Hommage an die Großfamilie

Roman

BRANDES

Verlag Renate Brandes, Altenriet
Umschlaggestaltung: Michael Kolmogortsev
Foto: Francine Feuné
Abbildungen: Renate Brandes
Herstellung: Druckerei Gebr. Pape, Büren
1. Auflage
Printed in Germany
ISBN: 978-3-948818-12-8

Bibliografische Information der
Deutschen Nationalbibliothek: Die Deutsche Nationalbibliothek verzeichnet diese Publikation in der Deutschen Natio-
nalbibliografie; detaillierte bibliografische Daten sind im In-
ternet über http://dnb.dnb.de abrufbar.

Ich widme dieses Buch

meinen geliebten Omas Bernadette und Hélène.

Inhalt

Prolog 7

Wie alles begann 15

Unsere Träume werden wahr 30

Nichts kommt so, wie man es plant 58

Neuen Mut schöpfen und loslassen 78

Für Träume kämpfen und stark bleiben 97

Meine Kinder 118

Epilog 126

Nachwort der Autorin 132

Danksagung 136

Die Autorin 137

Prolog

Das Leben mit meiner großen Familie

Wir schreiben das Jahr 2021. Wie jeden Tag beobachte ich das Treiben in meiner Familie. Es ist laut, es ist hektisch und es ist auch ein bisschen chaotisch, aber ich liebe es. Ich bin Grace, vierzehn Jahre alt und lebe in Deutschland. Meine Brüder Emanuel, elf Jahre, und Salomon, sieben Jahre, schreien sich an und spielen laut mit kleinen Autos. Dabei kann es schon einmal vorkommen, dass ein Spielzeug quer durch das Haus fliegt und kaputt auf dem Boden liegen bleibt. Dann wird geweint und alle anderen sind daran schuld.

So ist es jeden Tag. Ich kann mich nicht erinnern, dass es bei uns einmal anders war. Das Ganze macht mich ein wenig traurig, denn meine Eltern, Ester und Stéphane, stehen deshalb andauernd unter Stress. Sie lassen es sich nicht anmerken und achten immer darauf, dass meine Brüder nichts anstellen. Dabei habe ich manchmal schon das Gefühl, dass ich als einziges Mädchen auf der Strecke bleibe. Aber deshalb kann ich weder meinen Eltern noch meinen Brüdern böse sein, das ist nun einmal so bei einer großen Familie. Ich bin mir sicher, wäre es nicht so, würde mir etwas fehlen und ich kenne es ja auch nicht anders.

Heute jedoch ist meine Gefühlslage etwas bedrückt. In unserem neu bezogenen Heim in Süddeutschland spaßen meine Brüder, sie sind richtig fröhlich. Eigentlich sollte ich da doch mitmachen, stattdessen sitze ich nur mit am Tisch und sehne mir ein kleines bisschen Ruhe herbei. Wir sind gerade dabei, in unserem neuen Esszimmer das Abendessen zu uns zu nehmen, aber nicht einmal da können meine Eltern richtig entspannen, weil meine Brüder sie nicht lassen. Sogar beim Essen spielen sie mit den Autos herum.

Ständig höre ich nur: »Leg das weg. Mach das nicht und mach dies nicht. Halte deinen Löffel richtig. Esse nicht mit den Händen, sondern mit dem Besteck. Sei nicht so zappelig beim Essen. Hör auf damit.« Bestecke fallen herunter und klirren laut auf dem Boden, meine Mutter steht ständig auf und legt sie wieder auf den Tisch.

Dabei verlieren meine Eltern zu meinem Erstaunen niemals die Fassung, obwohl ich manchmal merke, dass sie kurz davorstehen. Dafür bewundere ich sie sehr. In ihren genervten Gesichtern kann ich manchmal ablesen, dass sie sehr froh darüber wären, wenn meine Brüder endlich etwas größer und erwachsener wären, damit halbwegs mehr Ruhe in ihrem Leben einkehrt. Aber das würden sie niemals laut aussprechen, da sie jedes ihrer Kinder über alles lieben. Sie tun alles für uns und sind immer für uns da. Manchmal habe ich das Gefühl, dass sie unsere Gedanken lesen können oder uns schon von Weitem jeden Wunsch von den Lippen ablesen. So wie auch heute.

»Was ist los mit dir, meine Schöne?«, fragt mich mein Vater auf einmal mit einem fürsorglichen, liebevollen und sensiblen Ton.

Im ersten Augenblick zucke ich zusammen, als ich seine Stimme höre und wahrnehme, dass er mich damit meint. Sonst bin ich nicht so ruhig und in mich gekehrt. Normalerweise helfe ich meinen Eltern im ›Kampf‹ gegen meine Brüder. Ich habe bei meinem Vater noch nie erlebt, dass er anders mit mir gesprochen hat. Er hat mich noch nie angeschrien oder mir das Gefühl gegeben, dass ich unerwünscht bin. Teilweise denke ich, dass er so mit mir spricht, weil ich seine einzige Tochter, seine ›kleine Prinzessin‹ bin.

Ich lächele ihn an und lege meine Gabel auf die grüne Tischdecke neben meiner Serviette.

»Ach nichts«, erwidere ich. »Ich war nur in Gedanken.«

»Worüber hast du denn nachgedacht?«, will meine Mutter nun wissen, während sie den ersten Bissen zu sich nimmt. Damit muss sie sich immer beeilen, da sie nie weiß, was meinen Brüdern als Nächstes einfällt.

»Weißt du noch, vor einem Jahr?«, entgegne ich ihr. »Als wir, nur wir beide, in der Stadt waren und mir einen neuen Jumpsuit gekauft haben?« Mit großen Augen sehe ich sie hoffnungsvoll an. »Das könnten wir doch irgendwann wieder einmal machen, oder?«

Meine Mutter kaut schnell und streicht sich eine Strähne aus dem Gesicht, dabei sieht sie zu meinem

Vater und scheint zu überlegen. Nach einer gefühlten Ewigkeit grinst sie mich dann an und nickt.

»Das ist eine sehr gute Idee, Grace«, erwidert sie und fängt, ohne hinzusehen, ein Spielzeugauto von meinem zweijährigen Bruder Prince auf und legt es wieder auf den Tisch.

Wie von allein öffnet sich vor Freude mein Mund und ich kann regelrecht fühlen, wie meine Augen anfangen zu strahlen.

»Wirklich?«, frage ich sicherheitshalber noch einmal nach, da es schon über ein Jahr her ist, dass ich allein mit meiner Mutter unterwegs war und ich sie ganz für mich hatte. »Versprochen?«

»Wir wollen auch mit einkaufen gehen«, mischt sich nun einer meiner Brüder mit ein; er heißt David und ist fünf Jahre alt.

»Ja, wir wollen auch«, sagt der Nächste.

»Nein, ihr werdet bei mir bleiben, während eure Schwester und eure Mutter einkaufen gehen«, verteidigt mein Vater uns gleich und dafür bin ich ihm sehr dankbar. Ein Einkauf mit meinen Brüdern würde nur in einem Fiasko enden und das will ich nicht.

Meine Mutter atmet tief durch und zwinkert mir zu. »Wir werden nächste Woche zusammen in Stuttgart einkaufen gehen. Nur wir beide, das verspreche ich dir.«

Nach diesen Worten hätte ich vor Freude schreien und jubeln können. Aber das ist mir leider nicht möglich, da meine Brüder Salomon und David einen lautstarken Einspruch einlegen. Also freue ich mich innerlich und lasse sie protestieren. Darauf gehen meine Eltern eh nicht ein und ich weiß, dass, wenn meine Mutter mir etwas verspricht, sie es auch einhält. Deshalb macht mir dieser Lärm gerade gar nichts mehr aus.

Der Tag, an dem ich allein mit meiner Mutter einkaufen gehen kann, kommt schneller als gedacht. Ich liebe diese Momente mit meiner Mutter, auch wenn wir zwischen all den Menschen nicht ganz allein sind, so genieße ich diese Zeit doch sehr. Gemeinsam laufen wir durch die viel besuchte Fußgängerzone, die Königstraße, und sehen uns einige Geschäfte von außen an. Wir zeigen auf die Dinge, die uns gefallen, die wir uns jedoch niemals leisten können. Es sind edle Kleidungsstücke von bekannten Designern.

Auf der einen Seite macht es mich etwas traurig, dass wir nicht so viel Geld wie manch andere zur Verfügung haben, aber auf der anderen Seite weiß ich, dass Geld nicht alles ist und dass man es nicht unbedingt braucht, um glücklich und zufrieden zu sein. Das zeigen uns unsere Eltern fast jeden Tag. Was zählt, ist nicht das Geld im Geldbeutel, sondern die Familie, dass man einander hat und dass man gesund ist.

Wir schnattern in einer Tour und lachen viel, sodass wir den ein oder anderen schrägen Blick von so manchem Passanten erhaschen, doch das ist uns egal. Wir sind fröhlich und glücklich und das wollen wir den anderen Menschen zeigen. Das Wetter ist ebenfalls auf unserer Seite. Die Sonne scheint munter am Himmel und wird nur ab und zu von einer Wolke verdeckt. Es ist nicht zu warm und nicht zu kalt. Der Tag ist einfach perfekt!

Nachdem wir eine Weile durch die Innenstadt gelaufen sind, kommen wir endlich in unserem Geschäft im Milaneo an. Als wir es betreten, kommt uns im Eingangsbereich ein frischer Luftzug entgegen, danach riechen wir neue Kleidung und Leder. Irgendwie mag ich diesen Geruch, aber wenn wir uns zu lange in so einem Geschäft aufhalten, bekomme ich davon immer Kopfschmerzen. Deshalb machen wir uns gleich ans Werk und gehen in die Abteilung für Mädchen. Ich brauche ein neues Kleid für den kommenden Sommer, eine neue Jeans und ein schönes Oberteil. Konzentriert sehe ich mir erst alle Kleider an, die auf mehreren Stangen verteilt sind. Zuerst kann ich mich gar nicht entscheiden, weil sehr viele in die engere Wahl kommen. Plötzlich kommt meine Mutter zu mir.

»Sieh mal, wie gefällt dir das denn?«, höre ich sie hinter mir sagen.

Daraufhin drehe ich mich zu ihr um und bekomme große Augen. Vor sich hält sie ein hellgelbes Kleid, welches an den Armen und am unteren Saum eine schöne Blumenbordüre hat. Ich komme ihr einen Schritt entgegen und fasse an den Stoff, der ist weich und leicht.

»Das ist schön«, erwidere ich und vergesse mit einem Mal die Kleider, die ich ausgewählt habe. »Darf ich es mal anprobieren?«

Meine Mutter grinst und nickt. »Natürlich.« Dann deutet sie mit dem Kopf in Richtung der Umkleidekabinen. »Da drüben ist eine Kabine frei.«

Und ehe ich mich versehe, stehe ich in der Umkleidekabine und ziehe das Kleid an. Sobald ich es anhabe, fühle ich mich sofort darin wohl und bin mir sicher, dass ich es haben möchte. Mir ist jetzt schon klar, dass das mein neues Lieblingskleidungsstück für den Sommer wird. Meine Mutter hat ein gutes Auge für Mode und dafür bin ich ihr sehr verbunden. Ihr gefällt es auch gut, also haben wir das erste Kleidungsstück schon einmal im Einkaufswagen. Danach entscheide ich mich noch für eine helle Röhrenjeans und ein hellgrünes Oberteil. Meine Mutter kauft für sich einen knielangen Rock und eine schicke Bluse.

Nachdem wir bezahlt haben, gehen wir in die gegenüberliegende Bäckerei, um etwas zu trinken und zu essen. Meine Mutter bestellt einen Kaffee und ein Schokohörnchen, während ich einen Kakao und ein Stück Apfelkuchen auswähle. Wir unterhalten uns über unsere neuen Kleidungsstücke und all die anderen Dinge, die uns noch einfallen. Aber leider kann ich mich nicht ganz auf das Gespräch mit meiner Mutter einlassen. Immer wieder muss ich zu unserem Nachbartisch schauen. Dort sitzt eine junge Mutter mit ihren fünf Kindern und meiner Meinung nach ist sie damit sehr überfordert. Ständig muss sie irgendein Kind zurechtweisen und schimpfen, weil sie sich teilweise nicht angebracht verhalten. Ich achte sehr darauf, dass es nicht so wirkt, als würde ich sie die ganze Zeit anstarren, denn ich habe schon früh gelernt, dass man so etwas nicht macht. Einige Gäste in der Bäckerei sind da jedoch anderer Meinung und sagen der Frau sogar ins Gesicht, dass sie ihre Kinder erziehen solle, bevor sie mit ihnen in die Öffentlichkeit gehe. Sie tut mir leid und die ganze Situation erinnert mich ein wenig an unsere Familie. Denn wären meine Brüder jetzt dabei, würden wir ähnlich von allen Leuten angestarrt werden. Im Verhalten der Frau erkenne ich teilweise auch meine Mutter und meinen Vater und im Verhalten der Kinder meine Brüder wieder. Ich…

»Hey«, holt mich meine Mutter wieder ins Hier und Jetzt zurück. »Träumst du? Du hörst mir ja gar nicht zu.«

Ich zucke zusammen und lächele sie an. »Ich war gerade in Gedanken«, sage ich mit einer leisen und zurückhaltenden Stimme.

»Was ist denn los?«, fragt meine Mutter fürsorglich.

Ich habe seit langem eine Frage auf dem Herzen, die ich eigentlich nie stellen wollte, damit es nicht so aussieht, als würde ich mich in unserer Familie nicht wohl fühlen. Was ja auch nicht stimmt, ich fühle mich sehr wohl, auch wenn meine Brüder manchmal echt nervig sein können. Deshalb fasse ich mir ein Herz und spreche dieses Thema endlich einmal an.

»Mama, warum habt ihr eigentlich so viele Kinder?«

Und dann antwortet mir meine Mutter: »Seit ich mich zurückerinnern kann…«

Wie alles begann

…seit ich mich zurückerinnern kann, wollte ich schon immer eine große Familie haben. Ich wurde 1983 im Kamerun geboren und auf den Namen Ester getauft. Wenn ich als Kind mit meiner Mutter durch den Park in Jaunde lief, beobachtete ich immer die Familien, die dort auch unterwegs waren. Dabei erkannte ich, dass die Familien mit nur ein oder zwei Kindern entspannter waren als die mit mehreren. Trotzdem stand für mich schon früh fest, dass ich viele Kinder haben wollte und alles für sie tun würde.

Wenn ich im Jugendalter meinen Freundinnen von meinem Kinderwunsch erzählte, wurde ich immer schräg angesehen und sie konnten nicht verstehen, wie ich so früh schon sagen konnte, dass ich eine große Familie haben wollte. Ich sollte doch erst einmal meine Jugend genießen. Aber ich liebte Kinder einfach zu sehr und ich musste jedem davon erzählen, egal, was andere von mir dachten. Dabei sagte ich nie, dass ich sie jetzt gleich haben wollte, sondern erst in ein paar Jahren. Es war schließlich mein Leben und ich musste am Ende damit klarkommen und nicht die anderen. Außerdem brauchte ich dazu erst den passenden Mann. Ich konnte ja nicht planen und planen und am Ende stand ich ohne Mann und ohne Kinder da. In jungen Jahren dachte ich deshalb schon sehr viel über das Heiraten nach. »Wie würde meine Hochzeit einmal aussehen? Wie würde ich an meiner Hochzeit aussehen? Wie würde alles ablaufen? Und wer würde an meiner Seite sein und wie würden wir unsere Zukunft bestreiten?«

In Kamerun gibt es eine Möglichkeit zu heiraten: Mann und Frau werden einander gezeigt und falls es klappt, wird geheiratet.

Ich musste gar nicht lange nach einem Mann Ausschau halten. Bereits im Gymnasium in Jaunde, der Hauptstadt meines Herkunftslandes, lief er mir ein paar Mal über den Weg. Das erste Mal sah ich ihn in Begleitung meiner Freundin Aurélie aus unserer evangelischen Gemeinde. Er stach mir gleich ins Auge und im ersten Moment konnte ich gar nicht anders, als ihn einfach anzustarren. Seine Afro-Haare mit Scheitel wie bei Nelson Mandela faszinierten mich total. Bei meinen Beobachtungen achtete ich natürlich darauf, dass mich niemand sah. Nicht, dass ich noch als Verrückte oder Stalkerin abgestempelt werden würde. Ich war einfach wie verzaubert von seinem ganzen Erscheinungsbild. Groß, schlank, dunkles Haar, eine tolle Haut und sehr dunkle Augen, die wirkten, als könnten sie bis ins Universum sehen.

Für mich war das der perfekte Mann und ich wollte ihn einfach kennenlernen. Also musste ich irgendwie zusehen, dass ich seine Aufmerksamkeit erlangte. Wie ich das anstellen sollte, wusste ich noch nicht so ganz.

Ein paar Mal versuchte ich ihn freundlich zu begrüßen, doch er beachtete mich einfach nicht und gab mir keine Antwort. Eigentlich hätte ich nach diesem Verhalten von ihm eingeschnappt oder verletzt sein sollen. Ich hätte denken können, dass er ein eingebildeter und unfreundlicher junger Mann war, aber diese Gedanken stellte ich hintenan. Mein Wunsch, ihn kennenzulernen, war nach wie vor sehr groß. Um ehrlich zu sein, war ich eher etwas verblüfft, dass von ihm keine Reaktionen auf meine Begrüßungen kamen.

Die Schwester meiner Freundin Aurélie ging in dieselbe Klasse wie er, vielleicht kam ich über sie irgendwie an ihn heran. Es musste doch eine Möglichkeit geben, dass er mich beachtete. So schnell gab ich jedenfalls nicht auf. In der großen Pause sah ich, dass er wieder bei Aurélies Schwester saß. Sie teilten sich dieselbe Schulbank und waren in der Abiklasse, die zwei Stufen höher war als meine.

Also fasste ich mir ans Herz und fragte Aurélie mit einer belanglosen Stimme, wer denn dieser hübsche junge Mann bei ihrer Schwester sei. Aurélie verstand sofort und grinste von einem Ohr zum anderen. Ihr konnte ich einfach nichts vormachen, sie kannte mich zu gut. Im ersten Moment wurde ich rot und biss ertappt in mein Pausenbrot, aber meine Freundin machte mir gleich klar, dass alles in Ordnung sei und dass jedes Mädchen auf diesen gutaussehenden Kerl stand.

Ihre Worte verunsicherten mich etwas und meine Hoffnungen auf ein Zusammentreffen und

Kennenlernen schwanden. Jedes Mädchen? Wenn jedes Mädchen auf ihn stand, wie sollte ich, klein und schüchtern, dann eine Chance bei ihm haben?

Aurélie steckte sich ihren letzten Bissen in den Mund und sagte zu mir: »Sein Name ist Stéphane.«

Als sie seinen Namen aussprach, erhellte sich auf einmal mein Herz. Den Namen des Mannes zu wissen, auf den ich stand, war einfach ein wundervolles Gefühl. Am liebsten hätte ich den ganzen Tag nur noch gegrinst, aber ich hielt mich zurück. Schließlich wusste ich nicht, wie die anderen darauf reagierten. Aurélie sagte mir noch, wo er herkam, wie alt er war und was sie sonst noch alles über ihn wusste. Sie versprach mir auch, dass sie mich ihm vorstellen würde, so könnten wir uns kennenlernen und wer weiß, vielleicht würde daraus ja etwas werden. An die Möglichkeit, dass wir uns gar nicht leiden konnten, dachte ich überhaupt nicht. Warum auch, ich war mir sicher, dass das etwas werden würde! Meine Freundin verlor keine Zeit. Sie packte mich am Pulli und schleifte mich Richtung Stéphane und ihrer Schwester.

Zuerst wollte ich protestieren, doch dann dachte ich mir: »Wenn nicht jetzt, wann dann?« Mein Herz schlug mir bis zum Hals und als wir dort ankamen, stand ich da wie bestellt und nicht abgeholt. Ich fühlte mich völlig fehl am Platz. Aurélie plauderte in einer Tour, stellte mich vor und mir wurde schlecht und schwindelig.

Dann passierte etwas, dass ich nie wieder in meinem Leben vergessen sollte. Stéphane hob den Kopf und sah mich an. Sobald mich seine tiefdunklen Augen trafen, überkam mich ein Gefühl von

Frieden und Zuversicht. In meinem Inneren breitete sich eine wohlige Wärme aus, die ich heute noch spüre, wenn er mich ansieht. Ab diesem Zeitpunkt wusste ich, dass er der Mann meiner Träume war.

Wie es der Zufall so wollte, führte eines zum anderen. Wir trafen uns, hatten Spaß und liebten uns über alles. Am Anfang konnte ich mein Glück gar nicht fassen und ich stellte mir mehrmals die Frage, was er an mir fand. Er konnte schließlich jede haben, dennoch wollte er mich und das zeigte er mir Tag für Tag.

Mehrere Jahre waren vergangen und als Stéphane sein Abitur in der Tasche und einen Sprachkurs absolviert hatte, ging er nach Deutschland, um dort zu studieren. Wie gut, dass es Telefon und E-Mails gab, so konnten wir immer Kontakt halten und uns austauschen. Trotzdem fehlte er mir so sehr. Wann immer er konnte, buchte er einen Flug, um mich - und natürlich auch seine Familie - zu besuchen. Bald hatte auch ich mein Abitur erfolgreich abgeschlossen und konnte endlich studieren.

Unsere Liebe rundete er eines Tages bei einem seiner Besuche in Kamerun mit einem Heiratsantrag ab; es war vor dem Rathaus im Stadtzentrum von Jaunde im Jahr 2005. Stéphane machte mich zum glücklichsten Menschen der Welt. Er wusste immer, was ich wollte und er erfüllte mir jeden Wunsch. Manchmal hatte ich sogar das Gefühl, dass er mich nur ansehen musste, um zu wissen, was ich wollte. Wir passten perfekt zusammen, hatten gemeinsame Interessen, Träume und Wünsche und wir wussten beide, was wir anstrebten: Eine große Familie! Als wir uns das erste Mal über das Thema Kinder unterhielten, konnte ich nicht glauben, dass Stéphane genauso dachte wie ich. Er liebte Kinder über alles und eine Zukunft ohne sie konnte er sich nicht vorstellen. Ich freute mich auf ein gemeinsames Leben mit ihm und war mir sicher, dass uns nichts mehr trennen konnte und dass er der Vater meiner Kinder sein würde. Sein Leuchten in den Augen, jedes Mal, wenn er ›Kinder‹ sagte, entzückte mich und zauberte mir ein Lächeln auf die Lippen.

So ist es auch heute noch, wenn er mit anderen über unsere Kinder spricht. Dieses Leuchten wird er nie in seinem Leben verlieren.

Eines Tages war es dann soweit, unsere Hochzeit konnte endlich stattfinden. Nach langen und anstrengenden Planungen und Vorbereitungen war für mich nun alles perfekt und es konnte losgehen. Ende August fand unsere Hochzeit in West-Kamerun statt: Im Dorf, im Standesamt und in der Kirche. Stéphane war vierundzwanzig und ich zweiundzwanzig Jahre alt und ich war noch nie in meinem Leben so aufgeregt gewesen. Mein Herz schlug mir bis zum Hals und mir war vor Aufregung schlecht, allein die Freude auf meine Hochzeit ließ mich das alles ganz schnell vergessen. Bei all den Vorbereitungen an jenem Tag dachte ich nur an Stéphane und unsere gemeinsame Zukunft. Wenn der Tag vorbei sein würde, waren wir endlich Mann und Frau und konnten unsere kommende Zeit gemeinsam planen.

Unsere beiden Familien waren da, um diesen besonderen Tag mit uns zu feiern. Ich fühlte mich sehr wohl in meiner Haut und ich wusste, dass ich mit dieser Heirat das Richtige tat. Auch Stéphane sah ich an, dass er sich sicher war. Teilweise wähnte ich mich in einem Märchen, denn dieser ganze Augenblick war viel zu schön, um wahr zu sein. Aber er war nun einmal wahr, ich hatte meinen Traumprinzen gefunden!

Die Feier im Dorf war der erste Teil unserer Hochzeit, den wir mit unseren Großeltern feierten. Eingeladen waren außerdem die Bewohner aus meinem Dorf und die aus dem Dorf von Stéphane. Alle trugen traditionelle Kleider, Palmweine und Säfte wurden zwischen den Eheleuten ausgetauscht. Wir waren eine lustige und fröhliche Runde, es wurde gesungen und getanzt und jeder wollte, dass der Tag für uns unvergessen blieb.

Danach gingen wir gemeinsam ins Standesamt. Der Standesbeamte kam aus Stéphanes Dorf, aus seinem Elternhaus, und hielt die Zeremonie ab. Diese war sehr traditionell und er legte uns alles nahe, was er auf dem Herzen hatte, damit wir eine lange und zufriedene Ehe führen konnten. Die Worte, die er zu uns sprach, waren voller Überzeugungskraft und Hoffnung und so nahmen Stéphane und ich sie auch entgegen.

In der Kirche, die in der Nähe des Standesamtes war, erwartete uns dann schon der Pastor. Er segnete uns als Ehepaar und auch gab er uns weise Worte mit auf dem Weg, welche Stéphane und ich für uns verinnerlichten und später immer wieder aufriefen, wenn etwas mal nicht so funktionierte, wie wir es gerne gehabt hätten.

Am Ende wurde in beiden Familien traditionell getrennt gefeiert, Stéphane und ich waren an den Feiern immer nacheinander anwesend. Erst als alles vorbei war, fühlten wir, wie die Anspannung von uns abfiel und wir uns voll und ganz auf uns und unsere Hochzeit konzentrieren konnten. Es war ein unvergleichlicher Tag, den wir nie vergaßen und von dem wir unseren Kindern noch erzählten.

Nach unserer Hochzeit hatten wir eine schöne Zeit in einem Hotel in Bafoussam, es ist der Hauptort des Departements Mifi und der Region West-Kameruns. Für ein paar Tage hatten wir uns dort einquartiert, um die Strapazen der letzten Wochen hinter uns zu lassen und die gemeinsame Zeit noch etwas zu genießen, bevor wir zusammen nach Europa gingen. Schließlich waren wir jetzt Mann und Frau. Am Anfang musste ich mich noch daran gewöhnen, Stéphane als ›meinen Mann‹ zu bezeichnen, ihm ging es umgekehrt genauso.

Wir waren sehr glücklich und kosteten die Tage im Hotel so richtig aus. Den ersten Tag nach der Anreise verbrachten wir nur auf unserem Zimmer. Uns wurde sehr schmackhaftes und ausreichendes Essen gebracht und wir ließen es uns einfach nur gut gehen. Am nächsten Tag testeten wir den Wellnessbereich und schalteten vollkommen ab und relaxten einfach nur. Die beiden Tage darauf erkundeten wir Kamerun und den letzten Tag verbrachten wir wieder auf dem Hotelzimmer - es war einfach nur wunderbar!

Die Zeit verging viel zu schnell, denn nun war der Moment gekommen, auf Wiedersehen zu sagen. Unsere Reise in den Norden Deutschlands stand unmittelbar bevor. Beim Buchen des Fluges hatten wir anfangs Schwierigkeiten, weil wir unsere Pässe verloren hatten. Das hieß, wir mussten uns neue ausstellen lassen und abholen. Die Zeit war knapp, denn unser Visum lief bald ab, doch zu unserem Glück funktionierte alles reibungslos.

Die Reise war lang und strapaziös und als wir in Deutschland ankamen, brauchten wir erst einmal ein paar Tage, bis wir wieder wir selbst waren. Die letzten Tage waren zwar die schönsten, die wir bisher erlebt hatten, dennoch waren sie auch sehr anstrengend gewesen. Ich hingegen sah es so: Wir erlebten alles zusammen und ich freute mich auf alle Höhen und Tiefen, die ich mit Stéphane noch erleben durfte.

Hannover war eine sehr schöne und attraktive Stadt. ›Wir sprechen Hochdeutsch‹, hörte ich dort öfter.

Bevor wir uns in die Kinderplanung stürzten, wollten wir uns und unser Eheleben noch weiter kennenlernen. Das alles war noch so neu für uns, trotzdem wir gewöhnten uns schnell an alles. Ich hatte das Gefühl, dass jede Minute, die wir miteinander verbrachten, uns immer mehr zusammenschweißte. Wir waren ›Ester und Stéphane‹, wir waren unzertrennlich und es konnte sich niemand vorstellen, dass sich das ändern könnte.

Wir konzentrierten uns erst einmal auf Arbeit und Studium, schließlich wollten wir unseren Kindern später mal etwas bieten. Doch das hielten wir nicht lange durch. Eines Abends sprachen wir über unseren Kinderwunsch und waren uns schnell einig, dass wir diesen nicht mehr länger aufschieben wollten. Und so entschieden wir uns für Kinder und legten los. Aber anscheinend stellten wir uns das alles zu einfach vor. Denn als einfach stellte es sich leider gar nicht heraus. In meinen Zukunftsplänen war für mich von Anfang an klar gewesen, dass, wenn wir uns für ein Kind entschieden hatten, es auch gleich funktionierte. Dem war leider nicht so. Die anfängliche Euphorie schwand ganz schnell, als wir feststellen mussten, dass die Monate immer mehr ins Land gingen und ich einfach nicht schwanger wurde.

Von Monat zu Monat wurde ich enttäuschter und ich sah Stéphane an, dass auch er mit der Situation unglücklich war. Wir achteten auf alles und versuchten immer, den richtigen Zeitpunkt zu erwischen, trotzdem waren all unsere Anstrengungen umsonst. An manchen Tagen dachte ich mir, dass es einfach nicht sein sollte. Vielleicht hatte man mit uns beiden etwas anderes vor, vielleicht sollten wir nicht Eltern werden. Und an anderen Tagen war ich so hoffnungsvoll und redete mir ein, dass ich mein Kind bald in den Händen halten würde.

Wir gaben jedenfalls nicht auf. Wir suchten unseren Hausarzt auf, ich ging zum Gynäkologen und Stéphane zum Urologen. Unsere nächsten Ziele waren dann verschiedene Kinderwunschpraxen, auch außerhalb von Hannover. Wie viel Blut mir während dieser Zeit - neun Monate ungefähr - abgezapft wurde und wie viele Stunden wir in Wartezimmern verbrachten, wusste ich irgendwann nicht mehr genau. Es waren jedenfalls sehr viele! Aber auch die vielen Arztbesuche und Untersuchungen brachten nichts und wir konnten es uns einfach nicht erklären, warum wir nicht das Glück erfahren durften, Vater und Mutter zu werden.

Jeden Tag stellte ich mir die Frage: »Warum?« Ich ging mein ganzes Leben noch einmal durch und überlegte, was ich falsch gemacht hatte, doch mir fiel dazu nichts ein. Dieser Gedanke, niemals Mutter werden zu können, machte mich teilweise verrückt und zerriss mir das Herz. Ich konnte das nicht einfach so hinnehmen. Wir mussten es weiter versuchen und für das, was wir wollten, kämpfen! Es war für mich unvorstellbar, keine Mutter zu werden. Das durfte einfach nicht sein, es musste irgendwann funktionieren.

Wieder vergingen ein paar Monate, in denen ich die frohe Botschaft ›ich bin schwanger‹ nie verkünden konnte. Ich hatte das Gefühl, je mehr wir es wollten und versuchten, desto mehr schwanden unsere Chancen auf ein gemeinsames Baby.

Irgendwann spielte Stéphane mit dem Gedanken, in eine andere Stadt zu ziehen. Er wollte sich in ein neues Abenteuer stürzen. Er wollte sich einen neuen Job suchen, etwas Neues ausprobieren und das Alte hinter sich lassen. Er kam immer wieder mit dem Argument, dass wir noch jung wären, dass wir unser ganzes Leben noch vor uns hätten und dass wir nicht nur an einer Stelle verharren sollten.

Ich war davon nicht so begeistert, denn für mich stand an erster Stelle nicht die Hochschule oder ein neuer Beruf, sondern ein Baby. Hatte er das etwa vergessen? Außerdem waren hier im Norden unsere ganzen Freunde, wir hatten uns hier schließlich ein gemeinsames Leben aufgebaut und ich wusste nicht, ob ich einfach so meine Zelte abbrechen und woanders neu anfangen konnte.

Als wir an einem Samstagsabend bei Freunden zum Grillen eingeladen waren, erzählte Stéphane von seinen Plänen – ja, bis zu dem Zeitpunkt waren es noch seine Pläne. Sobald er damit anfing, verdrehte ich die Augen und rechnete damit, dass ihm unsere Freunde diese Idee ausredeten. Innerlich hoffte ich es sogar. Doch ich staunte nicht schlecht, als er von allen Beteiligten Zuspruch bekam und sie mit denselben Argumenten um sich warfen wie Stéphane die Tage zuvor.

»Vielleicht klappt es in einer neuen Umgebung auch mit einem Baby«, sagte eine Freundin und lächelte liebevoll. Als dieser Satz fiel, hatte Stéphane mich mit seinen Umzugsplänen auf seiner Seite. So hatte ich das noch gar nicht gesehen! Je länger ich darüber nachdachte, desto mehr gefiel mir Stéphanes Idee. Er hatte recht, alle hatten recht! Vielleicht sollten wir einen anderen Weg in unserem Leben einschlagen. Vielleicht klappt es dann auch endlich mit der ersten Schwangerschaft.

Also machten wir uns auf die Suche: Wir brauchten eine neue Wohnung, Stéphane einen neuen Job und ich einen Platz an einer neuen Hochschule. Somit war klar, dass wir uns eine Stadt aussuchen mussten, an der es eine Hochschule gab. Für uns stand nun fest, dass wir diesen Abschnitt hinter uns lassen und in einer anderen Stadt neu anfangen wollten. So surreal dieser Gedanke für mich am Anfang war, umso mehr freute ich mich nun darauf.

Ein paar Wochen, wenn nicht sogar Monate, vergingen noch, ehe wir alles geklärt hatten und bereit für ein neues Leben waren. Wir hatten eine neue Wohnung, Stéphane einen neuen Job und ich fand einen Platz an einer Hochschule. Eigentlich war alles perfekt und ich hoffte, dass unsere Glückssträhne nicht so schnell abriss.

Wir hatten es allerdings noch nicht ganz geschafft, denn ein langer und anstrengender Umzug stand uns noch bevor. September 2006 war es dann soweit: Viele Freunde waren da und halfen uns, wofür ich ihnen sehr dankbar war. Als wir alles im Transporter hatten, verloren wir keine Zeit, verabschiedeten uns und fuhren los. Der Abschied fiel mir nicht leicht, aber sie waren ja alle nicht aus der Welt und wir konnten uns jederzeit gegenseitig besuchen.

Uns stand nun eine achtstündige Fahrt bevor, denn unser Ziel war der Süden Deutschlands. Ja, wir zogen vom Norden in den Süden. Während der ganzen Fahrt schwelgten wir in Erinnerungen. Ich musste allerdings zugeben, dass mich die ganze Zeit ein Gefühl der Unsicherheit begleitete. »Taten wir das Richtige? Was tun wir, wenn es in der neuen Stadt nicht funktioniert, wenn wir keinen

Anschluss finden oder wenn uns dort niemand haben möchte?« Diese Fragen und noch viele andere schwirrten durch meinen Kopf. Und vor allem die Frage: »Wann bekomme ich mein erstes Kind?« Doch je näher wir der neuen Stadt kamen, desto mehr Selbstvertrauen erlangte ich wieder und war mir sicher, dass Gott uns in naher Zukunft mit einem Baby segnen würde.

Es war schon dunkel, als wir bei unserer neuen Wohnung ankamen. Zu unserem Glück befand sie sich im Erdgeschoss eines vierstöckigen Mietshauses in Fellbach bei Stuttgart, sodass wir unsere Kisten und Möbel nur ein paar Treppenstufen hochschleppen mussten. Die erste Nacht verbrachten wir dann auf dem Boden. Am nächsten Tag beeilten wir uns dann mit dem Aufbauen der Möbel, dem Einräumen und dem Einrichten. Wir mussten uns sputen, denn für mich ging in drei Tagen die Hochschule los, gleichzeitig musste Stéphane sich noch für Prüfungen vorbereiten, die er neben dem Job absolvierte. Wir gönnten uns keine Pause und wollten so schnell wie möglich fertig werden. Jedoch unterbrach uns ein altes Ehepaar, das auch in dem Haus wohnte. Sie stellten sich vor und hießen uns freundlich in der Hausgemeinschaft willkommen.

Die Dame versüßte mir den Tag, als sie sagte: »Vielleicht bekommt ihr hier, was ihr in der Vergangenheit nicht finden konntet.«

Im ersten Augenblick war ich verwundert, denn sie kannte uns schließlich nicht. Aber diese Aussage von ihr kam mir so vor, als wüsste sie viel mehr über uns, als wir dachten. Mit ihren Worten weckte sie erneut meine Hoffnungen. Sie waren Menschen, die der Himmel geschickt hatte.

Viele wissen gar nicht, was sie mit nur ein paar Worten ihrem Gegenüber schenken können. Worte sind zum Teil das größte Geschenk, das es gibt.

In den darauffolgenden Wochen richteten wir langsam und sicher unsere Eineinhalb-Zimmer-Wohnung gemütlich und ganz nach unserem Geschmack ein. Zur Verfügung hatten wir bis dahin nur ein Kochfeld, das für uns sehr wichtig war.

Stéphane und ich hatten bei allem, was wir taten, viel Spaß. Wir verstanden uns super mit den Nachbarn und hatten schon neue Kontakte geknüpft. In der Hochschule lief es gut für mich und Stéphane fühlte sich in seinem neuen Job auch sehr wohl.

An den Wochenenden verbrachten wir viel Zeit in der Stadt, damit wir diese genau kennenlernen konnten, schließlich war sie jetzt unsere Heimat. Genauso erkundeten wir die Supermärkte in der Umgebung, damit wir immer wussten, wo wir was einkaufen konnten. Bei uns kehrte langsam wieder die Normalität ein, es lief fast alles perfekt. Nur eines nicht: Unser Kinderwunsch war noch immer nicht erfüllt.

Unsere Träume
werden wahr

Seit unserem Umzug waren nun fünf lange Monate vergangen. Bei uns drehte sich wieder einmal alles um den Kinderwunsch. Stéphane und ich ließen nichts unversucht, damit wir uns diesen größten Traum erfüllen konnten. Also wollten wir auch in der neuen Stadt eine Kinderwunschpraxis aufsuchen. Im ersten Moment, als dieser Vorschlag bei uns erneut zur Sprache kam, war ich etwas unsicher, denn mir war klar, dass wieder eine Untersuchung nach der anderen folgen würde. Jedoch blieb uns nichts anderes übrig, wir hatten anscheinend keine andere Wahl, wenn wir ein Kind haben wollten.

Auf der einen Seite mochte ich den Gedanken, endlich schwanger zu sein, sehr, aber auf der anderen Seite waren all diese Gedanken über ein Baby auch ziemlich anstrengend. Anders konnte ich es mir nicht erklären, dass sich alles so ermüdend anfühlte. Wenn man Tag und Nacht nur an das Eine dachte, konnte man schlecht zur Ruhe kommen. So war es bei uns der Fall. Teilweise fiel es mir auch sehr schwer, mich auf andere Dinge zu konzentrieren. Mein Kinderwunsch wuchs von Stunde zu Stunde immer mehr, zum Teil schmerzte er sehr in meinem Herzen. Wir sprachen über ein Baby, wenn wir morgens das Haus verließen, und weiter ging es, wenn wir uns am Abend wiedersahen. Da wir beide so von dem Wunsch eines eigenen Kindes besessen waren, stoppten wir uns auch nicht, sondern fachten alles nur noch mehr an.

Viele sagten uns, dass man es nicht erzwingen könne, dass es schon irgendwann klappen würde, dass man nicht zu viel darüber nachdenken solle und noch vieles mehr. Ich konnte die ganzen Ratschläge schon gar nicht mehr zählen und wenn ich ehrlich war, wollte ich auch keine mehr hören. Wir hatten uns nun einmal dazu entschieden, uns helfen zu lassen, so taten wir das auch.

Es war im Januar 2007, als wir sehr freundlich in einer Kinderwunschklinik in Stuttgart empfangen wurden. Zu Beginn hatten wir ein langes Gespräch mit dem Arzt und kurz darauf starteten wir auch schon mit der Behandlung. Unsere Hoffnungen waren sehr groß und ich war sehr aufgeregt. Tief in meinem Inneren fühlte ich, dass es diesmal klappen würde - es musste einfach klappen!

Ich betete zu Gott, dass er es endlich zulassen und dass er an unserer Seite bleiben sollte. Gott hatte schon einige Gebete in meinem Leben erhört und so war ich sehr zuversichtlich, dass er mich auch diesmal hörte. Und er tat es! Denn zwei Monate nach den Tests und den Gesprächen war der erste Behandlungsversuch erfolgreich. Als mir der Arzt sagte, dass ich schwanger war, lachte und weinte ich gleichzeitig. Mir fiel ein tonnenschwerer Stein vom Herzen. Meine Gefühle überschlugen sich und ich wusste am Anfang nicht, wohin mit meinen Emotionen. Es war einfach nur überwältigend und unfassbar. Ich war nun schwanger, ich trug ein kleines Geschöpf in mir. Stéphane war ganz ruhig neben mir und Tränen der Freude rollten über seine Wangen, gefolgt von einem Grinsen, das ich niemals mehr in meinem Leben vergaß. Dieser ganze Augenblick gehörte nur uns, er war sehr magisch. Sogar der Arzt war erstaunt darüber, dass der erste Behandlungsversuch auf Anhieb funktioniert hatte und bezeichnete es als Wunder.

Endlich durfte ich erfahren, wie es war, schwanger zu sein. Und es fühlte sich fabelhaft an! Ab den Worten ›herzlichen Glückwunsch, Sie sind schwanger‹ veränderte sich unser Leben schlagartig. Denn jetzt drehte sich alles nur noch um das Baby. Wir wussten, dass die Zeit, die nun auf uns zukam, nicht leicht sein würde, aber unsere unendliche Freude legte sich über alle Bedenken.

Ich log nicht, wenn ich sagte, dass ich der glücklichste Mensch der Welt war. Voller Freude und Zuversicht lief ich nun durchs Leben und ich war mir sicher, jeder, der mich sah, konnte dies schon von Weitem erkennen. Ich wollte einfach jedem zeigen, wie froh ich war, nun endlich schwanger zu sein, weil es ja bis dahin so ein langer und nervenaufreibender Weg für uns gewesen war.

Sofort gab ich allen Freunden und unserer Familie im In- und Ausland Bescheid. Es wurde vor Freude viel geweint und alle waren sehr glücklich darüber, dass wir uns unseren sehnlichsten Wunsch nun erfüllen konnten. Dennoch war nicht alles so rosig, wie ich mir eine Schwangerschaft vorgestellt hatte. Wieder wurden all meine Vorstellungen daran über den Haufen geworfen. Ich dachte immer, wenn ich endlich schwanger war, konnte ich das genießen. So wie viele andere Frauen eben auch. Ich dachte, ich konnte eine Schwangerschaft ohne Komplikationen überstehen. Mir war klar, dass die eine oder andere Einschränkung kommen würde, vor allem am Ende der Schwangerschaft. Ich war jedoch von Anfang an überzeugt, dass ich zumindest die ersten Monate genießen konnte. Doch es sollte nicht sein. Meine Schwangerschaft wurde zwar nicht der absolute Horror, dennoch hatte ich sie mir anders vorgestellt. Im Nachhinein betrachtet war es das alles aber wert, für unser Kind hätte ich einfach alles getan.

Wie schon bei den Untersuchungen vorher musste ich auf Anordnung des Frauenarztes während der Schwangerschaft viele Tests über mich ergehen lassen, unter anderem auch einen Bluttest auf Trisomie. Einerseits fand ich das alles sehr lästig, andererseits wussten wir dann, dass es unserem Kind gut ging und dass es gesund war.

Mir erging es mit der Zeit leider nicht so gut. Die anfängliche Euphorie wandelte sich schnell in Abgeschlagenheit um. Doch zählte für uns nur eines: Ein gesundes Kind zur Welt bringen! Ich nahm schnell sehr zu und ich hatte zu viel Fruchtwasser, dazu kam Schwangerschaftsdiabetes. Außerdem war die Kindslage nicht optimal, sodass eventuell ein Kaiserschnitt in Betracht kam. Ich fragte mich wieder einmal, was ich im Leben falsch gemacht hatte. Es war zum Haare raufen. Ich hatte mehr Angst um unser ungeborenes Kind als um mich selbst. Für uns wäre eine Welt zusammengebrochen, wenn dem Baby etwas passiert wäre und ich hätte mir das niemals verziehen. Ich weinte viel und war sehr besorgt. Ich ahnte, dass Stéphane große Angst um mich und das Kind hatte, trotzdem ließ er sich nichts anmerken. Für mich war er der Held während der Schwangerschaft. Er baute mich immer wieder auf, wenn ich am Boden lag, er tat alles für mich und er war immer an Ort und Stelle, wenn ich ihn brauchte. Ich war mir sicher, dass er der beste Vater aller Zeiten werden würde.

Und genau das sagte ich jeden Abend unserem Baby, bevor ich schlafen ging. Ich saß im Bett, streichelte über meinen immer dicker werdenden Bauch und sagte: »Mama und Papa freuen sich schon sehr auf dich. Dein Papa ist der Beste.«

Das waren dann wieder solche Momente, in denen ich alle Sorgen nach hinten schieben und mich auf meine Schwangerschaft konzentrieren konnte.

Ich erinnere mich an einen Tag zurück, an dem ich nach einem Arztbesuch im Park von Bad Cannstatt spazieren ging; es war im sechsten Schwangerschaftsmonat. Wieder hatte der Arzt keine besseren Nachrichten für mich. Es war wieder einer der Tage, an dem meine Zuversicht mit jedem Atemzug schwand. Ich hatte genug von unschönen Nachrichten, von irgendwelchen schrecklichen Diagnosen oder ›das-könnte-sein-wenn‹-Aussagen. Alles wurde auf einmal schwierig, ich konnte einfach nicht mehr, es war zu viel für mich. Unter völliger Anspannung suchte ich mir einen ruhigen

Platz und setzte mich auf einen Stein. Ich atmete tief durch und versuchte mich zu beruhigen, vor allem versuchte ich, diese Stimme des Arztes aus meinem Kopf zu bekommen. Aber dann brach alles aus mir heraus. Ich schrie! Ich schrie einfach in den Himmel und es war mir so egal, ob mich jemand sah oder hörte.

»Wieso passiert uns das immer wieder, wieso können wir nicht einmal in Frieden leben?«, rief ich nach Gott, bis mir die Kehle brannte. Ich wusste, dass ich keine Antwort bekommen würde, doch es war befreiend und beruhigte mich etwas, was für mich persönlich auch eine Antwort Gottes war.

Ich war teilweise sehr überfordert und es gab Tage, an denen ich nicht einmal mehr aufstehen wollte. Aber ich musste, ich musste stark sein für unser Baby, für meinen Mann und für mich, es war mein alltäglicher Kampf. Und meine Hoffnungen schafften es immer wieder, meine dunklen Gedanken beiseite zu schieben. Dabei spielte meine Freude auf unser Kind eine große Rolle. Bald würde ich es in den Händen halten! Bald würden wir uns in die Augen sehen, uns hören, riechen und fühlen können. Wenn ich daran dachte, machte mein Herz jedes Mal einen freudigen Satz. In meinen Gedanken hörte ich es schon schreien und mich störte das keinesfalls, ganz im Gegenteil, es war Musik in meinen Ohren. Ob ich das auch noch sagen würde, wenn es dann da war, wusste ich zu dem Zeitpunkt noch nicht.

Trotz der Schwangerschaft, den vielen Arztbesuchen und den ganzen Komplikationen musste ich natürlich weiter zur Hochschule gehen und meinem Studentenjob nachgehen. Es gab Abende, an denen ich todmüde ins Bett fiel und am nächsten Tag genauso müde wieder aufwachte. Die ganze Situation schlauchte mich sehr und das sah man mir auch an. Stéphane versuchte, mich so gut er konnte zu unterstützen, doch auch er war mit den Prüfungen und dem neuen Job ganz schön eingespannt. Aber er hatte es einfach drauf, er hatte immer ein Lächeln und einen netten Satz für mich auf Lager. Er ließ sich den ganzen Stress einfach nicht anmerken - ich konnte das noch nie - und das rechnete ich ihm hoch an. Jeden Abend, bevor wir schlafen gingen, küssten wir uns und sagten uns, dass wir uns liebten. Taten wir das aus irgendeinem Grund mal nicht, konnte ich nicht richtig schlafen.

Und als hätten wir nicht schon genug Arbeit und Strapazen an der Backe, entschieden wir uns vor der Geburt noch für einen Umzug, da unsere Ein-einhalb-Zimmer-Wohnung mit einem Kind zu klein war. Lange hatten wir uns über dieses Thema und den richtigen Zeitpunkt unterhalten und gegrübelt, am Ende kamen wir dann zu dem Entschluss, dass es vor der Entbindung doch am besten war. Also suchten wir in jeder freien Minute nach einer geeigneten und bezahlbaren Wohnung für uns drei. Zu Beginn unserer Suche dachte ich schon, dass wir nie etwas Passendes finden würden: Einmal war die Wohnung zu teuer, einmal war sie zu weit weg vom Zentrum und die nächste war total heruntergekommen. Endlich! Eines Tages fanden wir die richtige Wohnung für uns in der Nähe der Hochschule. Schon bei der ersten

Besichtigung wusste ich, dass wir uns hier sehr wohl fühlen würden. Zwei Schlafzimmer und die Miete war erschwinglich. Danach ging alles ziemlich schnell. Wir kündigten die alte Wohnung und zogen innerhalb eines Tages um. Ich hatte mir den Umzug anstrengender vorgestellt, aber dank vieler helfenden Hände war das Thema schnell erledigt. Auch das Aufbauen unserer Möbel und das anschließende Einräumen ging recht zügig.

Als wir damit fertig waren, machten wir uns an die Arbeit und wollten unserem ersten Baby liebevoll ein eigenes Zimmer einrichten. Die Auswahl der Möbel gestaltete sich nicht so leicht, wie ich mir das vorgestellt hatte, denn Stéphane und ich wurden uns in manchen Dingen einfach nicht einig. Das wunderte mich etwas, denn sonst waren wir immer auf dem gleichen Nenner. Selbst bei der Gestaltung des Zimmers hatten wir unterschiedliche Vorstellungen. Es war jetzt nicht so, dass wir einen Megastreit anzettelten, indes die eine oder andere Diskussion schon etwas lauter wurde. Doch wir kriegten uns recht schnell wieder ein und entschieden uns schließlich für weiße Möbel und eine grüne Kindertapete. Damit konnten wir uns beide anfreunden und waren zufrieden. Und ich war mir sicher, dass sich unser Baby darin sehr wohlfühlen würde.

Bis zur Geburt waren es nicht einmal mehr drei Monate. Die Spannung stieg und ich war schon ganz aufgeregt. Sobald wir mit dem Zimmer fertig waren, packte ich schon einmal eine Tasche für das Krankenhaus und stellte sie ins Kinderzimmer neben das Kinderbett. Ich wusste nicht warum, aber mir war wichtig, dass die Tasche dort stand. Verschob Stéphane sie einmal, hatte ich keine Ruhe, bis sie wieder an ihrem Platz war.

Die letzten drei Monate der Schwangerschaft ließ ich auf Rat meines Arztes etwas ruhiger angehen. Er riet mir auch, einen Kaiserschnitt durchführen zu lassen, da die Lage des Babys immer noch nicht korrekt war und er nicht glaubte, dass sich das bis zum Geburtstermin noch änderte. Davon war ich gar nicht begeistert und ich hatte Angst vor so einem Eingriff - auf der einen Seite um mein Baby, auf der anderen um mich. Ich sagte erst einmal zu und hoffte, dass ich vor dem Termin Wehen bekam und ich unser Kind auf natürliche Weise zur Welt bringen konnte. Jeden Tag bat ich unser Baby liebevoll darum, dass es sich in die richtige Lage bringen solle, damit wir keine Operation über uns ergehen lassen müssten. Aber leider waren all meine Anstrengungen umsonst. Denn der Termin des Kaiserschnittes kam schneller als erwartet. Diese ganze Situation setzte mich wieder einmal völlig unter Stress und ich verstand nicht, warum ich keine Wehen bekommen hatte. Ich wollte mich einfach nicht aufschneiden lassen. In all den Jahren, in denen ich an ein Baby gedacht hatte, hatte ich auch an eine natürliche Geburt gedacht und diese wollte ich auch haben.

Auf dem Weg ins Krankenhaus Richtung Stuttgart-Süd am 24. November 2007 war ich ganz ruhig und starrte aus dem Fenster. Ich grübelte darüber nach, wie ich diesem Kaiserschnitt entkommen konnte. Stéphane merkte natürlich sofort, dass mit mir etwas nicht stimmte, also erzählte ich ihm von meinen Bedenken.

Daraufhin sagte er: »Wir werden noch einmal mit dem Arzt sprechen, vielleicht gibt es ja noch eine andere Option.«

»Oh danke, danke, dass du nicht versuchst, mich umzustimmen!« Egal, welche Entscheidungen ich in unserer Ehe traf, er stand immer hinter und zu mir.

Als wir im Krankenhaus ankamen, wirkten alle sehr gestresst und gehetzt, was meiner damaligen Verfassung gar nicht guttat. Ich fühlte mich überhaupt nicht wohl und wäre am liebsten wieder nach Hause gegangen. Die Ärzte wollten keine Zeit verlieren und mich sofort operieren, doch mein Mann und ich hielten sie zurück und baten um ein Gespräch. Am Blick des Arztes erkannte ich, dass es ihm nicht recht war, als ob er sich von uns belästigt fühlte. Aber das war mir egal, es ging schließlich um mein Baby und um mich. Wir setzten uns also zusammen und er schlug vor, dass man die Wehen mit Spritzen einleiten könnte. Ich ließ ihn gar nicht weiter ausreden, sagte den Kaiserschnitt ab und bestand auf diese Spritzen. Für mich waren es gefühlte Stunden, dabei gingen wahrscheinlich nur Minuten vorbei, in denen Stéphane und ich in ein Zimmer gebracht wurden und auf eine Schwester warten mussten. Danach ging alles recht schnell. Die Schwester schloss mich an diverse Geräte an, dann leitete sie die Geburt ein und ein paar Minuten später ging es auch schon los.

Die erste Wehe haute mich fast um, die Schmerzen waren unerträglich, jedoch auch schnell wieder vergessen, sobald die Wehe vorüber war. Noch lachte ich und freute mich auf die Geburt. Aber mit jeder Wehe, die wie ein schwerer Felsbrocken durch meinen Unterleib rollte, ahnte ich, dass es nicht leicht werden würde. Und damit behielt ich leider recht. Ich fühlte, dass irgendetwas nicht stimmte und dass nur einmal Pressen nicht genügte, um ein gesundes Baby auf die Welt zu bringen. Wieder waren meine Vorstellungen meilenweit von der Wirklichkeit entfernt. Ich bekam immer mehr Probleme und die Wehen waren teilweise so stark, dass sie mir den Atem raubten.

Die Krankenschwester sagte zu uns: »Laufen sie etwas herum, das wird die Wehen fördern und so kann die Geburt schneller vonstattengehen.«

Also folgten wir ihrem guten Rat und gingen ein paar Schritte den Krankenhausflur rauf und runter. Obwohl mir auch das große Beschwerden bereitete, biss ich die Zähne zusammen. Die ersten Schritte waren noch in Ordnung, doch dann musste ich öfter stehen bleiben und tief durchatmen, um dem Schmerz nicht die Oberhand zu lassen. Mir schossen Tränen in die Augen, weil ich nicht wusste, ob das alles richtig war, was wir taten. Stéphane war immer an meiner Seite, stützte mich und versuchte, mich zu beruhigen.

Das ging die ganze Nacht so, wir beide machten kaum ein Auge zu, an Schlaf war überhaupt nicht zu denken. Meine Schmerzen wurden immer stärker und die Wehen unregelmäßiger, was kein gutes Zeichen war. Am nächsten Tag machte der Arzt noch einmal einen Ultraschall und die Herztöne des Babys wurden erneut überprüft.

Ich hörte es selbst und dann bekam ich die Bestätigung vom Chefarzt: »Wir müssen schnell handeln, das Herz des Kindes macht nicht mehr länger mit.«

Diese Worte ließen mich fast in Panik ausbrechen. Der Kaiserschnitt war nun ein Muss, die Ärzte ließen nicht mehr mit sich reden, in Minutenschnelle war alles vorbereitet. Ich bekam Angst und fragte mich mehrmals, ob es eine gute Idee von mir war, den Kaiserschnitt zuerst abzusagen. »Habe ich mein Baby etwa selbst in Gefahr gebracht?« Ich weinte und war sehr aufgebracht, aber Stéphane war an meiner Seite. Seine ruhige Stimme und seine lieben Worte sorgten dafür, dass ich mich etwas entspannte. Ich hatte nicht nur Angst um mein Kind, sondern auch um mich. Meine Befürchtung war, dass es nicht gut für den Körper wäre, wenn man sich mehrmals operieren ließe. Doch für mein Baby musste ich da jetzt durch. Ich bekam eine Teilanästhesie und wurde um vierzehn Uhr in den OP gebracht. Was um mich herum geschah, versuchte ich auszublenden, ich konzentrierte mich nur noch auf Stéphane, der mich natürlich immer noch unterstützte.

Dann war es soweit: Vor uns wurde ein großes, grünes Tuch gespannt. Dann spürte ich ein Zwicken und ein Ruckeln und schon hörten wir unser Baby nach einer Viertelstunde schreien. Sobald wir den ersten Ton hörten, brachen wir in Tränen aus. Erstens vor Freude, zweitens vor Erleichterung. Wir lachten. Dieser Augenblick war der schönste in unserem Leben. Obwohl wir unser Baby noch nicht einmal gesehen hatten, waren wir die glücklichsten

Eltern der Welt. Innerhalb von fünfzehn Minuten lag das Baby in unseren Armen. Ich wusste, dass jede Mutter behauptete, dass ihr Baby das schönste auf Erden sei, doch unsere kleine Grace war es allemal. Sie war ein Geschenk Gottes und unser kleiner Engel. Leider ließen mir die Schwestern nicht lange Zeit mit ihr. Grace musste gewaschen, versorgt und ich wieder zugenäht werden.

Stéphane gab mir einen Kuss auf die Stirn und flüsterte in mein Ohr: »Ich bin so stolz auf dich!«

Danach folgte er der Hebamme, die unsere kleine Grace auf den Armen hielt. Er wollte bei ihr sein und sich vergewissern, dass es ihr gut ging und dass sie gut behandelt wurde.

Die Tränen der Freude standen mir noch immer in den Augen. Obwohl ich überglücklich war, wurde ich auf einmal sehr müde. Ich spürte regelrecht, wie die Anspannung der letzten Stunden nachließ. Als würden die Ärzte weit weg von mir stehen, hörte ich sie mit mir reden, bis ich einen tiefen Schlaf fiel.

Als ich wieder aufwachte, befand ich mich in einem rosafarbigen, hellen Krankenhauszimmer wieder. Es roch frisch und ich fühlte mich auf Anhieb wohl. Ich hatte keine Schmerzen, dennoch wusste ich, dass ich eine große Narbe am Unterbauch hatte. Vorsichtig drehte ich den Kopf zur Seite und lächelte, als ich dieses Bild sah: Unser Baby lag in einem Kinderbett und Stéphane saß daneben. Er hielt die Hand unserer kleinen Grace und sang leise ein Lied für sie. Die Tage im Krankenhaus waren eine sehr schöne Zeit. Ich hatte Momente, in denen ich mich ausruhen konnte und ich lernte, trotz der Wunde am Bauch, mich um mein Baby zu kümmern. Auch Stéphane lernte viel. Für uns, die das erste Mal Eltern wurden, war diese Zeit ein Segen. Alle waren sehr nett zu uns und halfen, wo es nötig war. Auch die Familie war stolz auf unser erstes Mädchen. Wir bekamen viele Anrufe und Glückwünsche und es wurde am Telefon vor Freude gelacht und geweint.

Als wir das Krankenhaus fünf Tage nach dem Kaiserschnitt verlassen durften, lag viel Schnee. Der Winter hatte Deutschland fest im Griff. Da wir ohne Auto waren, aber mit Kinderwagen, mussten wir den Heimweg zu Fuß beschreiten. Es war ein richtig schöner Tag, die Luft war frisch und die Sonne schien. Wir gingen langsamer als sonst, da ich ja noch die Wunde am Bauch hatte, dennoch genossen wir unseren ersten gemeinsamen Spaziergang zu dritt in vollen Zügen.

Das Rathaus lag direkt auf unserem Heimweg, deshalb beschlossen wir, dort gleich wegen der Geburtsurkunde vorbeizugehen. Am späten Nachmittag waren wir dann endlich zu Hause. Ich war sehr müde und hätte zehn Stunden am Stück schlafen können, trotzdem wollte ich es nicht. Lieber wollte ich bei meinem Baby sein und es einfach nur beobachten. Als Mutter war das nun ein neues Hobby von mir. Ich hätte meinen ganzen Tag damit verbringen können, Grace nur anzuschauen. Egal, was sie machte, ob sie schlief, ob sie aß, selbst wenn sie schrie. Ich liebte dieses kleine Wesen über alles und würde es vor allem und jedem beschützen.

Trotz der ganzen Anstrengungen tagsüber hatten wir viel Freude und schöne Momente mit unserem Baby. Ich hatte zwar noch etwas Probleme mit der Kaiserschnittnarbe, aber ich ließ mir das alles nicht anmerken. Ich wollte nicht, dass mich mein Baby oder Stéphane leiden sahen. Sie sollten mich glücklich und zufrieden wahrnehmen.

Stéphane war einfach wundervoll, ohne ihn hätte ich das alles nicht überstanden. Ich denke gerne an die Tage nach der Geburt zurück. Er kochte mir jeden Morgen einen Tee und machte etwas zu essen, während ich schlief. Dann stellte er das volle Tablett vors Bett und verabschiedete sich dann von mir und dem Baby. Er musste schließlich zur Arbeit fahren, obwohl er viel lieber bei uns geblieben wäre. Soweit es Grace dann zuließ, konnte ich mein Frühstück im Bett genießen.

Das Ganze ging leider nur zwei Wochen so, denn auch für mich begann wieder der Alltag, auch wenn es Grace gegenüber nicht gerecht war. Ich hatte ein sehr schlechtes Gewissen, wenn ich sie zu Hause lassen musste, um die Vorlesungen zu besuchen.

Während ich in der Hochschule war, passte mein Bruder auf Grace auf und ich versuchte immer, nicht länger als fünf Stunden von Zuhause fort zu sein. Manchmal gelang mir das sehr gut, doch an anderen Tagen kam ich mit meiner Zeit gar nicht zurecht. Es waren sehr stressige Monate. Täglich musste ich mehrmals Muttermilch abpumpen, obwohl ich Grace jedes Mal gerne die Brust gegeben hätte. Aber die Hochschule ließ das leider nicht zu.

Viele Menschen waren erstaunt, wie wir alles so gut unter einen Hut brachten. Wenn uns jemand ein Lob aussprach, dachte ich mir immer, dass sie einfach nicht wissen, wie es hinter den Kulissen wirklich aussah. Stéphane und ich waren jeden Tag froh, wenn der Abend anbrach und wir wussten, dass wir jetzt etwas Zeit für uns hatten.

Ich war einfach nicht gerne getrennt von meinem Baby. Sogar während der Vorlesungen hörte ich Grace schreien, obwohl sie gar nicht in meiner Nähe war. Es machte mich zum Teil verrückt, nicht zu wissen, wie es ihr ging. Nach jeder Lesung rief ich bei meinem Bruder an und erkundigte mich nach ihr. Dabei sagte er mehrmals, dass sie sehr viel weinte, weil sie ihre Mama vermisste. Bei diesen Worten oder wenn ich sie im Hintergrund weinen hörte, schossen mir sofort die Tränen in die Augen. Manchmal machte ich mich dann gleich auf dem Weg nach Hause, aber meistens ging ich erst nach der letzten Lesung.

Da mein Bruder nicht jedes Mal Zeit für uns hatte, was ich verstand, da er auch arbeiten musste, beschlossen wir, eine Tagesmutter zu suchen. Für mich war es sehr schwer, die Richtige zu finden, schließlich wollten wir einer fremden Person unsere Tochter anvertrauen. Es belastete mich sehr, dass ich mir bei keiner Frau zu hundert Prozent sicher war.

Doch nach langer Suche fanden wir eine fähige Tagesmutter für Grace. Die beiden verstanden sich prima und auch Stéphane und ich waren sehr zufrieden mit ihr. Grace verbrachte die nächsten acht

Monate bei ihr tagsüber in Stuttgart, bis wir für sie einen Platz in der Kinderkrippe bekamen, die sie dann die nächsten vier Jahre besuchte. Es fiel mir nach wie vor schwer, Grace in die Obhut anderer zu geben. Aber mit der Zeit sah ich ein, dass sie in der Krippe in guten Händen war. Die Leute dort waren alle vom Fach und wussten, was sie taten.

Jetzt kam auch die Zeit, in der ich etwas ruhiger wurde und sich mein Studium entspannter gestaltete. Das Studium war so wichtig für mich. Bei der Ausländerbehörde musste ich regelmäßig darlegen, dass ich das Studium wirklich ernst nehme und vorankomme. Tat ich das nicht, hätte man meine Aufenthaltsgenehmigung nicht verlängert. Also legte ich mich ins Zeug, lernte viel und bestand alle Prüfungen zur Vorprüfung im Bachelorstudiengang Mediapublishing.

Jetzt fehlte nur noch ein passender Job für mich, den ich nach dem Studium noch in Angriff nehmen konnte. Die Arbeitsstelle vor und während der Schwangerschaft hatte ich leider verloren. Mein Ziel war es nun, die Haushaltskasse aufzubessern. Zu unserer finanziellen Lage wollte ich auch etwas beitragen. Ich hatte einfach ein schlechtes Gewissen, wenn wir nur von Stéphanes Geld lebten. Also begann ich mit der Stellensuche.

Grace entwickelte sich prächtig und sie machte uns sehr glücklich. Obwohl wir fast den ganzen Tag unterwegs waren und viel organisieren mussten, liebten wir unser Leben. Wenn es in der Hochschule oder auf der Arbeit stressig und anstrengend war, vergaß ich das schnell wieder, sobald ich nach Hause kam und in Grace' Gesicht sah.

Als unsere kleine Tochter schon zwei Jahre alt war, beschlossen wir, noch ein Kind zu bekommen. Darüber mussten wir gar nicht lange reden, Stéphane und ich waren uns sofort einig, dass wir es wieder versuchen sollten. Also machten wir uns ans Werk.

Zuerst versuchten wir es ein paar Mal auf natürlichem Wege. Aber wie wir uns es schon dachten, klappte es leider nicht. So wendeten wir uns abermals an die Kinderwunschpraxis. Dort kannte man uns noch. Wir wurden wieder herzlich empfangen und sehr gut behandelt. Und wir hatten sogar denselben Arzt. Er machte uns große Hoffnung, dass wir es auch diesmal schafften, schwanger zu werden. Während der ganzen Behandlung fielen wir jedoch für ein paar Tage in ein Tief, als uns klar wurde, dass wir wahrscheinlich mehr Anläufe bräuchten, bis ich schwanger werden würde. Wieder und wieder stellte ich mir die Frage, warum es uns einfach nicht gelang, auf natürlichem Wege ein Baby zu zeugen.

Die Hoffnung verlor ich dennoch nie und Stéphane schon gar nicht. Trotzdem fragte eine Stimme in meinem Kopf des Öfteren, ob es vielleicht nicht doch ein Zeichen war, wenn es nicht klappte. Ich verdrängte diese Stimme jedes Mal und lachte sie dann lauthals aus, als wir endlich erfuhren, dass ich wieder schwanger war.

Im ersten Moment konnte ich es kaum glauben und sah meinen Mann und den Arzt fassungslos an. Ich fragte ihn sogar, ob er das ernst meinte. Wenn man immer nur hörte, dass es nicht geklappt hatte und dann auf einmal den Satz ›herzlichen Glückwunsch, Sie sind schwanger‹ hörte, musste ich erst einmal überprüfen, ob ich in der Wirklichkeit oder in einem Traum steckte. Zu unserem Glück waren wir in der Realität. Ich war nun zum zweiten Mal schwanger! Stéphane und ich waren überglücklich und ich erlaubte mir auch für Grace zu sprechen. Sie freute sich sehr, dass sie bald ein Geschwisterchen bekam. Obwohl der Arzt sagte, dass ich auf mich aufpassen sollte, wurde es nicht ruhiger bei uns.

Zwei Monate nach dieser glücklichen Nachricht musste ich an der Hochschule meine Thesis abgeben und das Kolloquium halten. Dafür musste ich mich sehr ins Zeug legen. Und das konnte ich auch, denn dankenswerterweise verlief die zweite Schwangerschaft für mich ohne größere Hürden.

Ich fühlte mich sehr gut, mein Gewicht war in Ordnung und das Fruchtwasser auch. Von daher fiel es mir gar nicht so schwer, die Schwangerschaft, den Job, die Hochschule und die Familie unter einen Hut zu bringen. Wir überlegten uns sogar, dass es endlich einmal an der Zeit war, ein Familienauto zu kaufen – am besten noch vor der Entbindung. Gesagt, getan. Schon stand im September 2010 unser erstes Auto vor der Tür.

Während der Schwangerschaft achtete ich sehr auf eine ausgewogene Ernährung. Ich aß wenig Butter, trank wenig Milch, nahm zu meinem Tee keinen Zucker und verzichtete, wo es nur ging, auf Salz. Außerdem achtete ich darauf, dass ich mich ausreichend bewegte. Ich lief jeden Tag mit Grace zur Kita in Vaihingen und holte sie auch wieder ab. Es war eine schöne Zeit und ich genoss die Schwangerschaft in vollen Zügen. Ich war mir sicher, wenn man mich ansah, erkannte man sofort an meinem Strahlen, wie glücklich ich war. Und das ging nicht nur mir so, auch Stéphane konnte man dieses Glücklichsein ansehen. Es verging kein Tag, an dem seine wunderschönen Augen nicht heller als die Sonne leuchteten. Bald würden wir zu viert sein und wir freuten uns schon sehr auf unser zweites Kind.

Als ich eines Tages Grace vom Kindergarten abholte, bemerkte ich, dass etwas mit mir nicht stimmte. Ich hatte ein sehr komisches Gefühl und fühlte mich mit einem Mal nicht mehr so wohl. Also ging ich, bevor wir uns auf den Nachhauseweg machten, noch einmal zur Toilette - und ich behielt recht. Mit Schrecken musste ich feststellen, dass Urin ausgelaufen und mein Slip nass war. Meine Hände zitterten und ich bekam etwas Angst. Wir hatten bis zum errechneten Termin noch eine Woche Zeit, aber es wäre auch nicht schlimm gewesen, wenn unser Baby jetzt schon gekommen wäre. Dennoch machte ich mir Sorgen.

Ich machte mich sauber und schnappte mir Grace. Mir war klar, sollte meine Fruchtblase geplatzt sein, musste ich mich beeilen. Leider hatte ich kein Auto, da es Stéphane für die Arbeit brauchte. Deshalb blieb uns nichts anderes übrig, als den Bus zu nehmen. Normalerweise wären wir, wie die anderen Tage auch, gelaufen, doch das hätte in meiner Situation einfach zu lange gedauert.

Obwohl die Busfahrt recht kurz war, kam es mir so vor, als würden wir mehrere Stunden bis nach Hause benötigen. Grace bekam von alledem nichts mit. Ich riss mich sehr zusammen, damit sie von meinen Befürchtungen nichts bemerkte. Sie fragte nicht einmal, warum wir heute den Bus nahmen, statt zu laufen.

Als der Bus endlich an unserer Haltestelle anhielt und wir aussteigen konnten, hatten wir nur noch wenige Meter bis zu unserer Wohnung. Am liebsten wäre ich gerannt, je näher wir ihr kamen. Aber auch hier hielt ich mich zurück und zwang mich zur Ruhe. Aufregung tat mir jetzt schließlich nicht gut und ich wollte Grace keine Angst machen. Selbst als wir zuhause ankamen, blieb ich erst einmal bei der alltäglichen Routine. Ich half Grace zuerst aus den Schuhen, räumte ihren Rucksack aus, wartete, bis sie mental etwas heruntergekommen war und sie sich dann selbst beschäftigte. Sobald sie im Wohnzimmer mit ihren Puppen spielte, griff ich nach dem Telefonhörer und rief Stéphane auf der Arbeit an.

Wieder dauerte es für mich gefühlt eine Ewigkeit, bis er endlich abnahm. Ich ließ ihm keine Zeit, mich zu begrüßen, sondern redete gleich los. Als ich mit meinem Bericht fertig war, verlor Stéphane auch keine Zeit.

»Ich bin gleich da, Schatz«, war seine Antwort. Keine Sekunde später legte er auf und machte sich auf den Weg nach Hause.

»Okay«, sagte ich zu mir selbst, nahm nochmals den Hörer und rief meinen Bruder an. Ich hoffte so sehr, dass er Zeit für uns aufbringen und auf Grace aufpassen konnte. Auf die Schnelle wusste ich nicht, wen ich sonst noch hätte anrufen können. Er erklärte mir, dass er eigentlich keine Zeit hätte, er trotzdem kommen würde. Auf meinen Bruder war wie immer Verlass und dafür war ich ihm sehr, sehr dankbar.

Normalerweise benötigte Stéphane für die Fahrt von der Arbeit nach Hause fünfzehn Minuten. Deshalb staunte ich nicht schlecht, als er acht Minuten nach unserem Telefonat in der Küche stand. Mit großen Augen starrte er mich an und fragte mich, wie ich so ruhig bleiben konnte. Dann erklärte ich ihm erst einmal, unter was für einer innerlichen Unruhe ich litt. Dennoch lachten wir beide und freuten uns schon darauf, unser zweites Kind bald in den Händen halten zu können.

Auch mein Bruder war gefühlte fünf Minuten nach meinem Anruf bei uns, sodass Stéphane und ich uns gleich auf den Weg ins Krankenhaus machen konnten. Grace erzählten wir nicht genau, wo wir hingingen, sondern sagten ihr, dass ich nur zu einer Untersuchung müsse. Was ja genau genommen gar nicht mal gelogen war.

Während der Fahrt ins Krankenhaus konnte ich kaum stillsitzen. Am liebsten wäre ich aus dem Auto gesprungen und in die Klinik gerannt, denn so hätte ich das Gefühl gehabt, dass es wenigstens ein bisschen schneller gehen würde. Stéphane hielt die ganze Zeit meine Hand, soweit ihm das beim

Fahren möglich war, und versuchte, mich dadurch ein wenig zu beruhigen.

Im Krankenhaus angekommen nahm man uns sofort in Empfang und die Ärzte zögerten keinen Moment, mich gleich zu untersuchen. Jedoch zeigten alle Untersuchungen, dass es falscher Alarm gewesen war. Meine Fruchtblase war noch nicht geplatzt und mit dem Baby war alles in Ordnung. Diesmal waren wir einer Klinik in Filderstadt und es war der 20. Oktober 2010.

Etwas Enttäuschung machte sich in uns breit, da wir schon fest damit gerechnet hatten, dass wir heute unser Baby bekommen sollten. Aber diese verflog schnell wieder. Wenn wir es nicht heute in den Händen halten konnten, dann eben in ein paar Tagen, denn ich fühlte, dass es nicht mehr lange dauern würde, bis es die Welt erblicken wollte.

Auf der Fahrt nach Hause rätselten Stéphane und ich zum wiederholten Mal, ob wir diesmal ein Mädchen oder einen Jungen bekommen würden. Er freute sich riesig auf einen Jungen und erzählte mir ohne Punkt und Komma, was er dann alles mit ihm unternehmen könnte. Und ich hätte nichts gegen ein zweites Mädchen einzuwenden gehabt. Doch am Ende zählte für uns nur, dass unser Kind gesund und munter war, egal, ob es ein Mädchen oder ein Junge werden würde.

Als wir zu Hause ankamen, rochen wir schon im Hof, dass mein Bruder ein leckeres Essen für uns gekocht hatte. Sobald wir die Haustüre aufsperrten, erkannte ich auch, um welches Gericht es sich handelte: Okrasauce mit Maismehlcouscous. Der Tisch war gedeckt und Grace und er warteten nur noch auf uns. Es schmeckte köstlich und es war ein herrlicher Abend zusammen mit der Familie.

Nichtsahnend gingen wir dann hundemüde ins Bett. In der Nacht wurden meine Wehen auf einmal sehr stark und wir stellten fest, dass sie immer intensiver in immer regelmäßigeren Abständen kamen. Das war für uns ein Zeichen, dass es bald losging. Also blieb uns nichts anderes übrig, als wieder ins Krankenhaus zu fahren. Diesmal musste unsere kleine Grace mit. Da sie aber sehr müde war, verschlief sie diese aufregende Zeit.

Die Geburt unseres zweiten Kindes verlief ganz anders als die erste. Diesmal durfte ich mich auf eine natürliche Geburt freuen. Zwar hatte ich höllische Schmerzen und die Wehen brachten mich fast um den Verstand, dennoch war das alles für mich ein einmaliges Erlebnis. Ich strengte mich sehr an und war mit meinen Kräften am Ende, aber es hatte sich alles gelohnt.

Ich lag von 3:30 Uhr bis 8:45 Uhr in den Wehen, bis unser kleiner Sohn Emanuel das Licht der Welt erblickte. Er schrie und wurde mir sofort auf die Brust gelegt. Stéphane und ich genossen diesen Moment sehr und wir waren so glücklich über unser zweites und gesundes Baby. Endlich konnten wir ihn in den Armen halten, jetzt hatten wir ein Mädchen und einen Jungen. Emanuel war so klein, so zerbrechlich und so wunderschön.

Auch Grace war ganz fasziniert von ihrem kleinen Bruder. Sie verhielt sich vorbildlich, fasste ihn ganz sanft und liebevoll an. Nach der Geburt verbrachten Emanuel und ich noch ein paar Tage im

Krankenhaus, bis wir wieder bei Kräften waren und nach Hause durften.

Ganz schnell kam dann der Alltag zurück. Leider stellten wir bald fest, dass es in unserer Wohnung mit zwei Kindern sehr eng war und uns wurde klar, dass wir früher oder später wieder auf Wohnungssuche gehen mussten.

Langsam wurde es für mich Zeit, auch wieder zu arbeiten, selbst wenn ich mich dabei schlecht fühlte und ich es überhaupt nicht wollte. Mein Kolloquium war nun schon zehn Monate her und ich musste dranbleiben, sonst vergaß ich ganz schnell, was ich gelernt hatte. Also nutzte ich jede Sekunde meiner freien Zeit, zum Beispiel nach dem Stillen, wenn Emanuel dann schlief und Grace im Kindergarten war, um Bewerbungen zu schreiben. Jede Bewerbung schickte ich mit großer Hoffnung ab und nach einigen Absagen bekam ich endlich eine Zusage!

Ich freute mich riesig darüber, dennoch war ich im Zwiespalt. Auf der einen Seite hätte ich vor Freude über den Job jubeln können, auf der anderen Seite hatte ich ein sehr schlechtes Gewissen Emanuel gegenüber. Schließlich war er erst zwei Monate alt. Wenn ich daran dachte, ihn allein zu lassen, hätte ich in Tränen ausbrechen können.

Als mein kleiner Junge dann zwei Monate und drei Wochen alt war, trat ich meine neue Arbeitsstelle in Reutlingen an. Von Anfang an wusste ich, dass mir das alles sehr schwerfallen würde. Schon allein die tägliche Trennung von meinem Baby machte mich sehr traurig und fast wahnsinnig.

Einmal hatte er über mehrere Tage Durchfall. So musste ich bei meinem Arbeitgeber anrufen und ihm sagen, dass ich erst einmal nicht kommen könne, da mein Sohn krank war. Ich war Tag und Nacht bei ihm und kümmerte mich um ihn. Ich konnte ihn irgendwie keine Sekunde aus den Augen lassen, weil ich sonst ein schlechtes Gewissen gehabt hätte.

An einem Abend saß ich allein an seinem Bettchen und hielt seine Hand, während er schlief.

»Mein Schatz, soll deine Mama ihre Arbeit aufgeben, um bei dir zu Hause bleiben zu können?«, flüsterte ich und spielte ernsthaft mit dem Gedanken, dies umzusetzen. Doch Stéphane redete mir zu, weiter zu arbeiten und sagte mir, dass wir auch das schaffen würden. Schließlich hatten wir schon sehr viel gemeinsam erlebt und wir würden jede Hürde meistern.

Emanuels Tagesmutter war in der Nähe von Stéphanes Arbeitsplatz in Feuerbach. Das hatten wir mit Absicht so gewählt, damit einer von uns beiden gleich zur Stelle war, falls etwas wäre. Außerdem war es einfacher für Stéphane, ihn vor der Arbeit dort hinzubringen. Die Abholzeiten der Tagesmutter mussten wir allerdings immer genau einhalten. Das nahm Stéphane sehr ernst, was leider nicht immer gut für seinen Job war, wenn es zum Beispiel darum ging, dass er länger arbeiten musste. Aber auch das meisterten wir.

Bei der Tagesmutter war Emanuel ungefähr drei Monate, dann konnte er in die Krippe. Ab da fing der Stress für uns erst richtig an. Stéphane musste nun vor und nach der Arbeit immer einen Umweg fahren, um zur Krippe zu kommen. Es war nicht immer leicht für ihn, das sah ich ihm tagtäglich an. Vor allem machte es ihm sehr zu schaffen, wenn unser kleiner Junge im Auto weinte und er während der Fahrt keine richtige Möglichkeit fand, um ihn zu trösten.

Ich kümmerte mich vor und nach der Arbeit um Grace. Mit den öffentlichen Verkehrsmitteln brachte ich sie in den Kindergarten und nach Feierabend holte ich sie dort wieder ab. Es war manchmal echt schon eine logistische Meisterleistung von uns beiden, das alles zu organisieren und zu bewältigen. Dennoch schafften wir es immer und später am Abend konnten wir dann meistens noch ein paar gemeinsame Stunden miteinander verbringen.

Als Emanuel dann alt genug für den Kindergarten war, fuhr Stéphane beide Kinder morgens dorthin und ich holte sie nach meinem Job spätnachmittags dort ab. Somit hatte Stéphane wieder mehr Zeit für seine Arbeit, was auch unseren Stresspegel etwas verringerte. Obwohl wir fast immer unter Strom standen und schauten, dass alles reibungslos funktionierte, hatten wir niemals das Gefühl, überfordert zu sein. Gut, es war anstrengend, doch wir waren immer zufrieden mit unserem Leben.

Kurz nach Emanuels Geburt hatten Stéphane und ich das Thema ›Umzug in eine größere Wohnung‹ schon einmal angerissen, wir hatten nur nie die Zeit dafür gefunden, uns näher damit zu beschäftigen. Nun war es so weit und ich freute mich sehr auf mehr Platz, auch wenn die Suche fast ein Jahr dauern sollte. Als Emanuel eineinhalb Jahre alt war, zogen wir also in unser neues Heim südlich von Stuttgart und fühlten uns sofort wohl.

Sobald wir mit dem Umzug fertig waren, entschlossen wir uns dazu, eine Reise in die alte Heimat Kamerun zu machen. Wir verspürten beide den Drang, endlich wieder einmal nach Jaunde zu fliegen und unsere Familien zu besuchen. Schließlich kannten sie unsere Kinder noch nicht und so kam es, dass wir im Dezember 2011 einen unvergesslichen, ersten Familienurlaub dort verbrachten.

Nach drei Wochen Heimaturlaub mussten wir dann wieder abreisen. Kaum waren wir zu Hause, holte uns die Routine wieder ein. Aber, beziehungsweise gerade deshalb, war unser Leben einfach wunderschön und ich war sehr glücklich. Nicht nur ich, sondern meine ganze Familie war glücklich und das zu sehen und zu spüren, war für mich das größte Geschenk auf Erden. Die Kinder gingen gerne in den Kindergarten und Stéphane und ich hatten tolle und sichere Jobs. So konnte es für eine Weile erst einmal bleiben.

Nichts kommt so,
wie man es plant

Nun war es so, dass ich in Vollzeit arbeitete und - dank unserer guten Organisation und unseres Einsatzes - auch konnte. Dennoch war es wie immer eine große Aufgabe und eine Herausforderung für uns beide und mit Sicherheit auch für die Kinder. Meine Arbeitsstelle war in Reutlingen und ich musste morgens eineinhalb Stunden mit den Öffis dort hin- und nachmittags dann wieder zurückfahren. Das war ein ganz schöner Zeitaufwand. Trotzdem hatte ich das Gefühl, dass ich mein Ziel erreicht hatte: Ich saß in einem ansehnlichen Büro und mein Arbeitgeber war mit mir und meiner Arbeit zufrieden. Ich ging sehr gerne dorthin und ich hatte viele gute Kollegen und Spaß bei meinen Aufgaben.

Stéphane und ich genossen unser Leben zu viert in vollen Zügen. Und wenn an manchen Tagen einfach nichts klappen wollte, sahen wir doch immer das Gute darin und waren dankbar für das, was wir hatten. Diese Dankbarkeit zahlte sich eines Tages aus, denn ungefähr zwei Jahre nach der letzten Entbindung war ich plötzlich wieder schwanger und das ohne irgendeine ärztliche Hilfe. Stéphane und ich waren zu Beginn der frohen Botschaft wie erstarrt und völlig perplex. Wir konnten es einfach nicht fassen, wir hatten es wirklich hinbekommen. Wir allein hatten es geschafft, ein Kind zu zeugen!

Gott war da, Gott war immer da und passte auf uns auf. Er gab uns das Gefühl, nicht allein zu sein. Wir konnten ihn zwar nicht sehen, aber fühlen, wir hatten zu ihm gesprochen und er hatte unsere Gebete erhört. Meine dritte Schwangerschaft war ein Wunder, anders konnte ich es nicht beschreiben. Unser glückliches Leben wurde noch schöner und erfüllter. Wir dachten, dass jetzt alles im grünen Bereich wäre und dass unser Traum von einer großen Familie nun endlich wahr werden würde.

Wie auch bei der zweiten Schwangerschaft verlief alles bestens: Ich fühlte mich gut und war beseelt wie nie zuvor. Auch Grace und Emanuel freuten sich riesig auf ihr neues Geschwisterchen.

Ich arbeitete ungefähr bis sechs Wochen vor dem Entbindungstermin weiter und meine Kollegen freuten sich sehr für mich. Wie immer holte ich in diesen Monaten Grace und Emanuel weiter vom Kindergarten ab, unser Alltag hatte mich auch während der Schwangerschaft fest im Griff.

Zu Beginn der Mutterschutzzeit, Anfang März 2013, gingen wir, Stéphane, die Kinder und ich, gemeinsam zum Arzt. Ich hatte einen Termin für eine Ultraschall-Untersuchung. Alles verlief sehr gut. Der Arzt war mit der Entwicklung des Kindes und mit meiner Entwicklung sehr zufrieden und er war sich relativ sicher, dass ich eine unkomplizierte Geburt haben würde, wenn es sich weiter so entwickelte. Obwohl immer Komplikationen auftreten konnten, machten mir seine Worte dennoch Mut und nahmen uns allen etwas die Bedenken hinsichtlich der Entbindung.

Nun war es so, dass ich zum Ende der Schwangerschaft hin alle zwei Wochen zum Ultraschall musste. Ich freute mich jedes Mal auf den Termin, weil ich hier mein Baby sehen konnte. Stundenlang hätte ich auf dieser Liege bleiben und mir den Monitor anschauen können. Ich träumte und fasste nach meinem Baby, doch leider holte mich der Arzt mit einem Lächeln immer wieder in die Realität zurück.

»Bald werden Sie Ihr Baby in den Armen halten können«, sagte er jedes Mal.

Wieder einmal stand ein Ultraschalltermin an. Diesmal ging ich allein hin - Stéphane musste zur Arbeit und Grace und Emanuel mussten in den Kindergarten. Der Arzt sagte wie immer, dass mit dem Baby alles in Ordnung sei und er zufrieden wäre. Allerdings stellten sie bei mir fest, dass ich seit meinem letzten Besuch fünf Kilogramm abgenommen hatte. Mir selbst war das gar nicht aufgefallen, ich hatte nichts anderes gemacht oder gegessen, wie die letzten Wochen auch, aber die Waage log nun einmal nicht.

Ich machte mir sofort Sorgen und dachte, dass mit dem Baby etwas nicht stimme.

Doch der Arzt beruhigte mich gleich und meinte: »Das hat alles seine Richtigkeit, es ist nicht von Bedeutung, wenn Sie in so einer kurzen Zeit dieses Gewicht verlieren.«

Natürlich glaubte ich ihm und beruhigte mich wieder, schließlich hatte die Untersuchung ja ergeben, dass es unserem Baby gut ging.

Ungefähr eine Woche nach diesem Untersuchungstermin kam leider alles anders. An einem Nachmittag, den ich mit einem interessanten Buch auf der Couch verbringen wollte, spürte ich plötzlich einen sehr starken Schmerz im Unterbauch. Der war so stark, dass ich aufschrie und beinahe mein Bewusstsein verloren hätte. Nach ein paar Minuten war von Hier auf Jetzt alles wieder vorbei. Ich griff sofort nach dem Telefonhörer und rief meinen Arzt an, ich hatte Angst, dass mit dem Baby etwas nicht stimmte. Aufgeregt schilderte ich ihm, was mir gerade geschehen war.

Er sagte jedoch nur: »Wenn der Schmerz wieder auftritt, dann beobachten sie ihn und schonen sie sich!« Er fragte dann noch: »War es in den letzten Tagen vielleicht etwas stressig oder zu viel für Sie?«

Ich bejahte seine Frage. Denn das Abholen der Kinder setzte mir auf der Zielgeraden nämlich ganz schön zu, doch ich wollte Stéphane nicht damit beauftragen, da er mit seiner Arbeit schon genug zu tun hatte. Grace und Emanuel gingen mittlerweile in zwei verschiedene Kindergärten; Grace in Riedenberg und ihr Bruder weiter in Vaihingen. Somit war der Weg für mich länger geworden, wenn ich beide abholen wollte.

Obwohl ich ein mulmiges Gefühl hatte und das Haus eigentlich nicht verlassen wollte, musste ich dennoch meine Kinder heimholen und tat das auch. Hier und da spürte ich noch ein Zwicken, welches aber mit jedem Schritt weniger wurde. So dachte ich, dass mir die Bewegung vielleicht guttat und schnell waren der Schmerz und die Sorgen wieder vergessen.

Am Abend, als alle zu Hause waren, aßen wir gemeinsam Abendbrot. Mir ging es wieder richtig gut und ich verlor fast keinen Gedanken mehr an die Beschwerden, die ich mittags gehabt hatte. Nach dem Essen und als die Kinder schon im Bett waren, wollte ich noch duschen. Fröhlich summend bereitete ich dafür alles vor und dachte an nichts Böses. Plötzlich spürte ich wieder diesen Stich im Unterbauch, gefolgt von höllischen Schmerzen, als würde mir jemand mit einer Kettensäge den Unterleib zerteilen. Und wie mittags auch schon, waren sie von jetzt auf gleich wieder weg. Da stimmte etwas nicht, ich war mir so sicher, dass es meinem Baby nicht gut ging.

Ich sagte sofort Stéphane Bescheid und duschte noch schnell. Währenddessen rief er meinen Bruder an, der abermals für uns zur Stelle war, um auf die Kinder aufzupassen. Der Schmerz kam wieder und wurde immer stärker und Stéphane und ich beeilten uns, dass wir so schnell wie möglich ins Krankenhaus kamen. Und unser Baby hatte es sehr eilig! Auf halber Strecke bekam ich Wehen und meine Fruchtblase platzte. Ich wusste gleich, dass wir es nicht mehr bis ins Krankenhaus schaffen würden. Die Schmerzen waren unerträglich. Das kannte ich nicht von meiner zweiten Entbindung und ich schrie mir nur noch die Seele aus dem Leib. Das tat gut, denn anders hätte ich die Situation nicht ertragen können.

Wimmernd und weinend bat ich Stéphane, dass er anhalten und mir helfen solle - zwischen jedem

Wort kam ein Schrei von mir. Und kaum stand der Wagen, war unser Baby auch schon da. Es ging alles so unheimlich schnell, ich wusste nicht einmal, wie ich es geschafft hatte, meine Hose auszuziehen. Stéphane und ich sahen uns an und warteten. Wir warteten darauf, dass unser Baby einen Laut von sich gab, doch das tat es nicht. Stéphane erzählte mir im Nachhinein, dass er dachte, dass ich sterben würde, als ich so geschrien hatte. Ich wusste, dass ich ihm damit ziemliche Angst gemacht hatte, aber ich konnte in jenem Moment nicht anders.

Unser Baby lag nun auf dem Autoteppich und ich war mit meinen Kräften am Ende. Stéphane stieg sofort aus, lief um den Wagen, öffnete die Tür und legte unser Kind auf meine Brust. Danach wählte er gleich die Nummer des Notarztes und bat um Hilfe. Sie gaben uns noch ein paar Maßnahmen durch, die wir treffen sollten, bis der Krankenwagen eintraf und wir setzten diese auch so gut es ging um.

»Warum schreit es nicht?«, fragte ich Stéphane mit einer zitternden Stimme. »Glaubst du, es ist gesund?«

Stéphane konnte mir die Fragen natürlich nicht beantworten, dennoch musste ich sie ihm stellen. Langsam breitete sich Panik in mir aus und ich wusste nicht, wie ich damit umgehen sollte. Es war alles zu viel für mich. Es war der 11. April 2013 gegen 22:45 Uhr.

Die Minuten, in denen wir auf den Krankenwagen warteten, waren die Hölle für uns. Es fing an zu regnen und es war kalt. Die ganze Zeit unterhielt ich mich mit meinem Baby. Ich erzählte ihm, dass es nun Teil unserer Familie war und dass es noch zwei Geschwister hatte, die schon sehnlichst auf ihn warteten und dann sagte ich ihm noch das Allerwichtigste: Nämlich, dass wir es über alles liebten.

Auf einmal bewegte es seinen Mund und öffnete ganz kurz für uns die Augen. Dieser Moment war wie ein Zauber, der sich über uns drei legte. Es war ein Moment, den ich nie wieder in meinem Leben vergessen sollte. Es war, als würde es mich hören und verstehen, was ich zu ihm sagte. Als ich in seine wunderschönen Augen blickte, kam eine Nachricht in meinem Herzen an.

»Liebe meinen Vater, wie du deinen liebst.«

Es war wie eine Offenbarung für mich. Obwohl ich sehr mit meinem Baby beschäftigt war, bekam ich mit, wie ein Spaziergänger an uns vorbeilief und ganz erstaunt war, dass ich unser Kind im Auto zur Welt gebracht hatte. Dieser Mann, den wir gar nicht kannten, freute sich sehr für uns und blieb bei uns, bis der Krankenwagen eintraf. Er sprach uns seine Glückwünsche aus. Er wusste ebenso wenig wie wir, dass dieses Baby nicht lange unter uns weilen würde.

Zwei Krankenwagen kamen dann bald. Zuerst nahmen die Sanitäter mir mein Baby weg, damit sie sich sofort darum kümmern konnten. Es wurde in einem der Krankenwagen nach Bad-Cannstatt in die Kinder- und Frauenklinik gebracht. An der Hektik des Notarztes konnte ich erahnen, dass höchste Eile geboten war. Ich hatte sehr große

Angst um mein Baby, wusste aber auch, dass es nun in guten und fachgerechten Händen war.

Dann kümmerte man sich um mich. Stéphane und ein Sanitäter halfen mir aus dem Auto und brachten mich in den anderen Krankenwagen. Stéphane blieb bei mir, er wollte den Sanitätern, die um das Leben von unserem Baby kämpften, nicht im Weg stehen. Wir fragten immer wieder nach unserem Baby und konnten beobachten, dass es reanimiert wurde - jedoch ohne Erfolg. Doch davon wussten wir zu diesem Zeitpunkt noch nichts.

Die Sanitäter versuchten Stéphane und mich zu beruhigen und sagten andauernd: »Unsere Kollegen tun alles, was in ihrer Macht steht!"

Ungewollt fing ich an zu weinen, worauf Stéphane mich in den Arm nahm und mich tröstete. Ich hatte ein furchtbares Gefühl und wollte es einfach nicht wahrhaben. Das durfte nicht passieren! Nach einer Weile gab ein Sanitäter ein Zeichen. Daraufhin wurden die Türen der Krankenwagen geschlossen und wir fuhren ins Krankenhaus.

Auf dem Weg dorthin rief Stéphane bei meinem Bruder Georges an und unterrichtete ihn von den ganzen Geschehnissen der letzten Stunde, während ich ganz nervös auf einer Liege lag. Ein Sanitäter überprüfte in regelmäßigen Abständen meinen Blutdruck und redete in ruhigen Tönen mit mir. An Stéphanes Stimme erkannte ich, dass er genauso fertig war wie ich. Diese schreckliche Nacht würden wir niemals in unserem Leben vergessen.

Ich atmete tief durch und schloss meine Augen. Mein Herz raste und ich wäre am liebsten aus den Wagen gesprungen und ins Krankenhaus gerannt.

Diese innerliche Unruhe machte mich fast verrückt. Egal, was jetzt die Sanitäter von mir dachten, ich musste es einfach tun: Ich faltete meine Hände und begann zu beten. Ich bat Gott darum, dass es meinem Baby gut ginge – es musste ihm einfach gut gehen.

Sobald wir im Krankenhaus angekommen waren, wurde ich sofort in einen Raum gebracht und von verschiedenen Ärzten untersucht. Dabei fragte ich mehrmals, wie es meinem Baby ginge, jedoch bekam ich nie eine richtige Antwort. Daraufhin bat ich Stéphane darum, nach draußen zu gehen und dort irgendetwas in Erfahrung zu bringen.

Ich brauchte Sauerstoff, deshalb wurde ich sofort an ein Gerät angeschlossen. Dadurch fiel mir das Atmen und Denken gleich leichter. Im Großen und Ganzen waren die Ärzte mit meinem Zustand nach diesem Ereignis sehr zufrieden. Aber was war denn nun mit meinem Baby? Warum sagte mir denn niemand etwas?

»Können Sie mir sagen, was mit meinem Baby ist?«, versuchte ich es nochmals bei einer kleinen, zierlichen Krankenschwester.

»Kommen Sie, ich möchte Ihnen helfen zu duschen«, war ihre Antwort auf meine wichtige Frage.

Ich nickte niedergeschlagen und sie half mir in einen Rollstuhl. Dann brachte sie mich in einen Raum mit einem roten Licht, dort half sie mir beim Duschen und kleidete mich frisch ein. Anschließend brachte sie mich wieder in mein Krankenzimmer. Voller Vorfreude hoffte ich, dass ich dort meinen Mann mit unserem Baby im Arm vorfand.

Doch als wir das Zimmer betraten, war da nur Stéphane, der mit Tränen in den Augen den Kopf schüttelte. Sofort wurde mir klar, was er damit andeuten wollte, aber ich ließ es nicht an mich heran.

»Wie geht es unserem Baby?«, fragte ich ihn, während mir die Schwester ins Bett half. Mein Mann schluckte laut, als auch schon eine Ärztin ins Zimmer kam und mich über den Tod meines Neugeborenen unterrichtete.

Ihre Worte waren wie ein Schlag ins Gesicht, sie nahmen mir die Luft zum Atmen, sie schockierten mich. »Das konnte doch nicht wahr sein. Warum? Warum nur?« Meine schlimmsten Vermutungen waren wahr geworden. Ich fing an zu weinen und Stéphane war wieder sofort an meiner Seite. Er war stark, aber nicht stark genug, er gab sich seinen Tränen und seiner Trauer hin. Auch er hatte ein Recht dazu. Die Ärztin und die Schwester ließen uns allein, damit wir in Ruhe über den Verlust unseres Babys hinwegkommen konnten. Auch wenn das vermutlich niemals möglich sein würde.

Der Schmerz ist heute noch so stark wie an diesem furchtbaren Tag, aber man lernt irgendwann, damit zu leben.

Etwas später brachte man uns unser kleines Baby gewaschen und bekleidet ins Zimmer, damit wir es ein letztes Mal betrachten und uns von ihm verabschieden konnten. Auch hier ließ man uns allein und gab uns die Zeit, die wir brauchten. Danach brachte man es wieder weg. Das war der schlimmste Moment in meinem Leben. Uns wurde klar, dass wir unser kleines Baby nie mehr wiedersehen sollten und dass es nur noch in unseren Erinnerungen existieren würde.

Diese Nacht war so schrecklich, ich wünschte so etwas nicht einmal meinem schlimmsten Feind. So eine Erfahrung sollte niemand machen müssen. Wir weinten viel und verloren unsere Hoffnung, obwohl wir vorher noch zu Gott gebetet hatten - aber er hatte unsere Gebete nicht erhört. Das war alles nicht fair und niemand konnte uns wirklich helfen.

Alle Ärzte und Schwestern versuchten, uns mit Worten zu trösten, doch sie drangen nicht richtig zu uns durch. Unser Schmerz saß zu tief und zum Teil wussten wir nicht, wie wir mit unserer Trauer umgehen sollten. Am nächsten Tag mussten wir allein wieder nach Hause fahren und das Allerschlimmste stand uns noch bevor, denn wir mussten unseren Kindern erzählen, dass ihr Geschwisterchen jetzt im Himmel war.

Für eine sehr lange Zeit war es ganz ruhig bei uns zu Hause, unsere Gefühle waren wie von einem Schwert erstochen worden. Wo sonst das Leben tobte, trauerten wir um unser kleines Baby. Wir benötigten sehr lange, um über den Verlust hinwegzukommen. Wir wussten alle, dass das Leben irgendwann einmal weitergehen musste, dennoch gaben wir uns alle Zeit der Welt.

An einem Freitag zum Beispiel hatte mein Mann etwas Schönes und Leckeres gekocht, da er nicht arbeiten musste und er uns eine Überraschung machen wollte. Ich hatte die Kinder nicht in den Kindergarten gebracht, sondern zu Hause gelassen, damit die ganze Familie wieder einmal beisammensaß. Eine Hebamme kam noch zu Besuch und erkundigte sich nach uns.

Am nächsten Tag war es wieder ganz still, als ob etwas fehlte. Und das tat es schließlich auch. Kein Babygeschrei. Kein Singen von mir. Keine vollen Windeln. Kein Stress. Ich war daheim im Mutterschutz und konnte kein Baby in den Armen halten. Diese Stille brachte mich fast um den Verstand, aber wir alle brauchten sie nun einmal.

Natürlich mussten wir neben all unserer Trauer auch unsere Familie und unsere Freunde informieren. Sie waren alle genauso geschockt wie wir und mit ihren Gedanken bei uns. Alle schenkten uns liebe Worte und boten uns ihren Beistand und ihre Hilfe an. Dann musste ich noch meinen Arbeitgeber darüber informieren. Immer und immer wieder musste ich die schreckliche Geschichte erzählen. Ich musste auch ein Bestattungsinstitut mit der Beerdigung und dem ganzen Drumherum beauftragen, dazu kam noch das Rathaus, das uns eine Todesurkunde ausstellen musste.

Zwischen all der Trauer und der Stille, die eigentlich bei uns herrschte, gab es Tage, an denen es deshalb drunter und drüber ging. Ständig musste ich telefonieren und den Vorfall erneut erläutern. Alle wollten genau wissen, was passiert war. Das wurde irgendwann zu viel für mich. Ich wollte das Erlebte nicht immer und immer wieder aufwirbeln. Tief in meinem Inneren wollte ich damit abschließen und Frieden für meine Familie und unser verstorbenes Baby haben.

Meine Hebamme kam regelmäßig vorbei und war immer für mich da, auch wenn es kein Baby gab. Sie machte mich darauf aufmerksam, dass ich eine längere Mutterschutzfrist beantragen könne, da die Totgeburt vor dem Ende der 35. Schwangerschaftswoche war. Das wussten wir gar nicht und für diesen Hinweis, ihre Hilfe und ihre Unterstützung in dieser schweren Zeit war ich ihr sehr dankbar. Also ging ich in den darauffolgenden Tagen zu meinem Frauenarzt, um mir diesen Schein zur Verlängerung des Mutterschutzes für die Krankenkasse zu holen. Das war ein sehr schwerer Gang für mich. Ich fühlte mich in der Vaihinger Praxis gar nicht mehr richtig wohl. Die letzten Wochen war ich immer mit meinem Baby im Bauch dort gewesen, voller Vorfreude und glücklich - und diesmal war ich ganz allein, überschüttet mit Trauer und Leid.

Ich hatte große Angst davor, dass ich dort einer glücklichen werdenden Mutter begegnen würde, aber so eine Begegnung blieb mir Gott sei Dank erspart. Wäre es doch passiert, wäre ich wahrscheinlich in Tränen ausgebrochen. Als ich mit dem Arzt zusammen in seinem Behandlungszimmer saß, erkannte ich an seiner Mimik, dass er mir ansah, wie leer und kraftlos ich mich fühlte.

Ich fragte ihn: »Wieso haben Sie mir versichert, dass die fünf Kilogramm, welche ich in kürzester Zeit verloren habe, in Ihren Augen nicht so schlimm waren?«

Nach dieser Frage merkte ich, wie sich seine Gesichtszüge verhärteten und er mir sagte, dass er sich dafür keine Schuld gäbe. Das hatte ich auch nicht von ihm erwartet, ich wollte lediglich nur eine Antwort haben. Er räusperte sich unsicher und sagte mir, dass es nun einmal passiert sei und dass man daran nichts mehr ändern könne, manche Dinge könne man einfach nicht erklären. Mit diesen harten Worten musste ich mich zufriedengeben, auch wenn es mir sehr schwerfiel.

Ich stand den Tränen nahe, wollte aber nicht schon wieder weinen. Anscheinend merkte der Arzt, dass er sich etwas hart gegenüber einer Mutter, die gerade ihr Neugeborenes verloren hatte, geäußert hatte.

Seine Stimme wurde weicher und er sagte zu mir: »Seien Sie für ihre Kinder und ihren Mann stark, sie brauchen Sie jetzt so, wie Sie Ihre Familie brauchen.« Er schenkte mir noch ein paar aufmunternde Worte, die mir etwas Hoffnung gaben und die anderen Angestellten der Praxis gingen ganz behutsam und vorsichtig mit mir um. Am Ende bekam ich die Genehmigung von der Krankenkasse für eine längere Mutterschutzfrist.

Für uns ging der Alltag wieder los. Die Kinder gingen in den Kindergarten und Stéphane fuhr wieder regelmäßig zur Arbeit. So kam es oft vor, dass ich ganz allein zu Hause war. Auf der einen Seite war das sehr gut für mich, da ich mich ausruhen konnte und etwas Zeit für mich allein hatte. Auf der anderen Seite hatte ich wiederum zu viel Zeit zum Nachdenken und ich dachte nur noch mehr an mein Baby, das ich jetzt nicht im Arm halten durfte. Manchmal hatte ich das Gefühl, als würde sich in meinem Bauch etwas bewegen, was laut der Hebamme normal sei. Aber richtig normal war bei uns gerade gar nichts mehr.

Also war es für mich offensichtlich, dass ich mich ablenken und etwas verändern musste. Die längere Mutterschutzfrist war für mich ein Segen, denn mir wurde langsam Folgendes klar: Je länger ich nachdachte, kam ich zu dem Entschluss, nicht mehr in meiner alten Firma arbeiten wollte. Zwar kam ich dort gut zurecht und ich fühlte mich auch wohl, doch der Gedanke daran, dass ich dort bald wieder hinmusste, machte mir etwas Angst. Ich konnte mir das Gefühl nicht erklären und ich wusste auch nicht, wo es herkam. Es war nun einmal da und ich konnte es nicht einfach ausschalten und so tun, als wäre nichts.

Von meiner alten Firma in Reutlingen hatte ich, bevor ich in den Mutterschutz ging, eine Karte und Geld für das Baby bekommen. Als sie von der Totgeburt erfuhren, schickten sie mir eine Beileidskarte und Kosmetikartikel. Ich fand es schön, dass sie an mich dachten und Anteil nahmen, trotzdem konnte ich mich über die Geschenke nicht richtig freuen.

Letzten Endes entschloss ich mich dazu, mir einen neuen Job zu suchen. Als ich Stéphane davon erzählte, stand er wie immer sofort hinter mir und meiner Entscheidung.

Er bot mir auch gleich seine Hilfe an. »Sag mir, wenn ich dich irgendwie unterstützen kann oder du meine Hilfe brauchst!«

Was hätte ich nur ohne diesen verständnisvollen Mann in dieser schweren Zeit gemacht? Er war und ist ein Geschenk des Himmels. Mein Plan war, dass ich, wie beim ersten Mal auch, ein paar Bewerbungen schreiben wollte und dann sicher bald eine neue Arbeitsstelle bekommen würde. Aber dem war leider nicht so. Ich musste sehr viele Bewerbungen schreiben und abschicken. Als meine Chefin aus der alten Firma erfuhr, dass ich gekündigt hatte, schickte sie mir ein neues und verführerisches Angebot. Doch sie hätte mir das beste Angebot aller Zeiten machen können, ich wollte dort einfach nicht mehr hin. Es war nun einmal so. Die Chefin erzählte mir, dass ihrer Tochter das Gleiche wie mir widerfahren war, auch sie musste eine Totgeburt miterleben und litt sehr darunter. Sie hatte anscheinend sehr großes Mitleid mit mir, denn sie bezahlte mir ein ganzes Monatsgehalt, obwohl ich gar nicht an meinen Arbeitsplatz erschienen war. Oder war es Gott, der während dieser Entscheidung hinter ihr stand?

Diese Chefin, die sich mir gegenüber bei diesem Telefonat so liebenswert und freundlich verhielt, war in der Firma eher als rigoros und streng bekannt. So hatte ich sie dort auch kennengelernt, sie war eben ›die Chefin‹ und ließ das auch alle merken. Doch in dieser halben Stunde, in der wir miteinander telefonierten, war sie sehr empathisch und sprach mit einer warmen und fast leisen Stimme zu mir. Dieser Augenblick war einfach unglaublich.

Kurz bevor unser Gespräch zu Ende war, sagte sie mir noch: »Mein Angebot steht nach wie vor, auch wenn Sie es erst in ein paar Monaten annehmen wollen.« Sie fügte noch hinzu: »Und nehmen

Sie sich alle Zeit der Welt, um über dieses schwere Erlebnis hinwegzukommen.«

Ich bedankte mich tausend Mal bei ihr, nahm ihr Angebot trotzdem nie an. In den nächsten Wochen zweifelte ich an meiner Entscheidung und fragte mich des Öfteren, ob ich es vielleicht nicht doch hätte annehmen sollen. Denn nach fünfundvierzig Bewerbungen ohne Erfolg war ich auch hier mit meinen Kräften am Ende. Wenn ich dann darüber nachdachte, wieder in die alte Firma zu gehen, sagte tief in meinem Inneren eine Stimme immer ganz laut: »Nein!«. Also gehorchte ich meiner inneren Stimme und versuchte, nicht den Mut zu verlieren.

An einem Samstagnachmittag im Mai 2013 waren wir zum Kindergeburtstag einer Nachbarin in Kaltental eingeladen. Ihr Sohn, der unter der Woche schon Geburtstag gehabt hatte, feierte diesen nach und wollte Grace und Emanuel dabeihaben. Ich freute mich sehr über diese Einladung, da es wenigstens ein kleiner Moment war, in dem wir alle wieder etwas abgelenkt waren. Wir wurden freundlich begrüßt und die Kinder verschwanden sofort in den Garten hinter dem Haus.

Ich begrüßte die Mütter, die ich schon kannte und wurde den anderen Müttern, die ich noch nicht kannte, vorgestellt. Während die Kinder im Garten tobten, saßen wir Eltern an einem großen Tisch auf der Terrasse und unterhielten uns. Zufällig kam ich mit einer Frau ins Gespräch, die in einer Firma arbeitete, bei der ich mich vor Kurzem erst beworben hatte. Sie machte auf mich einen sehr netten

Eindruck, war mir von Anfang an sehr sympathisch und ich hatte das Gefühl, als würde ich sie schon ewig kennen. Ihre Tochter war im selben Alter wie Emanuel und war auch auf dem Geburtstag eingeladen.

Ich sprach zwar nicht gerne darüber, aber ich erzählte ihr von meiner Situation und dass ich bis jetzt noch keine Rückmeldung auf meine Bewerbung bekommen hätte. Daraufhin erzählte sie mir, dass sie einen höheren Posten in der Firma habe und sie sich am Montag gleich darum kümmern wolle. Sie versicherte mir, dass wir das schon geregelt bekämen und machte mir Hoffnung auf einen neuen Job, worüber ich mich sehr freute.

Ein paar Tage später staunte ich nicht schlecht, als mein Telefon klingelte und am anderen Ende der Leitung die Frau von dem Kindergeburtstag war.

»Ich freue mich Ihnen mitteilen zu können, dass wir Sie gerne zu einem Vorstellungsgespräch einladen möchten.«

Diese Worte musste ich erst einmal sacken lassen und endlich, nach all der schrecklichen Zeit in den letzten Wochen, schöpfte ich wieder Hoffnung und Kraft. Dieser Anruf, obwohl es erst eine Einladung zu einem Vorstellungsgespräch war, war für mich fast wie ein Wunder. Mit Tränen in den Augen sagte ich zu und konnte nicht aufhören, mich bei ihr zu bedanken, sie machte mir damit eine riesige Freude.

Das erste Bewerbungsgespräch lief sehr gut. Wir unterhielten uns sehr lange, nicht nur über den neuen Job, sondern über Gott und die Welt. Es war für mich ein äußerst angenehmes Gespräch und ich konnte mir durchaus vorstellen, in diesem Verlag zu arbeiten. Leider bekam ich nicht sofort eine Zusage, was mich etwas enttäuschte, aber die Frau sagte mir, dass sie immer so verfahren würden.

Erneut wurde ich ein paar Tage später zu einem zweiten Gespräch eingeladen. Diesmal hielten wir uns nicht nur im Besprechungsraum auf und unterhielten uns, nein, diesmal wurde mir die ganze Firma gezeigt. Man machte sozusagen einen Rundgang mit mir und erklärte mir alles. Das fand ich sehr interessant und das steigerte auch immer mehr mein Verlangen nach dieser Arbeitsstelle. Am Ende der Führung verkündete man mir dann die gute Nachricht, dass ich den Job in der Tasche hätte und ich in zwei Monaten anfangen dürfe.

Mir fiel ein tonnenschwerer Stein vom Herzen und ich konnte in dem Moment nicht mehr aufhören, mich zu freuen. Die Erleichterung war mir regelrecht ins Gesicht geschrieben und ich war so froh, dass die Suche nach einer neuen Arbeit nun endlich ein Ende hatte. Ich konnte es kaum erwarten, nach Hause zu kommen und Stéphane und den Kindern davon zu erzählen. Sie freuten sich genauso sehr wie ich, endlich sahen wir wieder Licht am Ende des Tunnels.

Anfang September 2013 trat ich in diesem Verlag meine Teilzeitstelle an. Ich arbeitete mich sehr gut ein und verstand mich bestens mit meinen neuen Kollegen. Ich wurde von jedem mit offenen Armen empfangen, was mir den Einstieg sehr erleichterte. Trotzdem war ich nicht so richtig zufrieden mit meinem Leben. Da ich nur vormittags arbeitete, war ich an den Nachmittagen immer allein zu Hause. An manchen Tagen machte mir das überhaupt nichts aus und ich konnte es sogar genießen, aber an anderen Tagen fühlte ich mich sehr einsam. Diese Einsamkeit sorgte wieder dafür, dass ich sehr viel über mein Baby nachdachte und daran, wie es jetzt wohl gewesen wäre, wenn es jetzt bei mir wäre. Manchmal war der Schmerz so groß, dass ich kaum Luft bekam. Obwohl ich nun genug Ablenkung durch den neuen Job hatte, wurde die Sehnsucht nach noch einem Baby immer stärker.

Neuen Mut schöpfen und loslassen

Ich versuchte wirklich, jeden Tag für meine Familie und meinen Job mein Bestes zu geben, aber ich merkte, dass ich immer ›leerer‹ wurde und ich an diesem Zustand schnellstmöglich etwas ändern sollte. Ich wusste ganz genau, dass ich nicht in Selbstmitleid versinken durfte. Ich wusste, dass das Leben weiterging und ich wusste auch, dass ich stark für meine Kinder sein musste. Ich wollte auf jeden Fall verhindern, dass meine Kinder, wenn sie an mich dachten, eine traurige Frau vor sich sehen. Ich musste ihnen zeigen, wie man mit schwierigen Situationen im Leben klarkommen konnte. Sobald sie anwesend waren, riss ich mich zusammen. Ich lächelte, obwohl mir nicht zum Lachen zumute war. Ich scherzte, obwohl mir nicht zum Scherzen zumute war. Ich beschäftigte sie, obwohl ich mich am liebsten den ganzen Tag ins Bett verkrochen hätte.

Wären in dieser schwierigen Zeit meine Kinder nicht gewesen, wäre ich wahrscheinlich vollkommen abgestürzt. Außerdem war da ja noch Stéphane, mein lieber und tapferer Ehemann, der mich immer wieder auffing und mich tröstete, obwohl er den Trost genauso nötig hatte wie ich. Das alles änderte jedoch nichts an der Tatsache, dass ich jeden Tag nach der Arbeit allein zu Hause war. Grace und Emanuel waren in der Ganztagsbetreuung und Stéphane war vollzeitbeschäftigt.

Zum Teil hatte ich das Gefühl, dass ich nicht mehr gebraucht wurde. Also sollte ich daran etwas ändern. Stéphane und ich hatten uns nach der Totgeburt schon des Öfteren darüber unterhalten, dass wir auf jeden Fall noch ein Kind haben wollten. Von daher suchte ich mir im Oktober 2013 einen neuen Frauenarzt im Raum Stuttgart. Den alten wollte ich nach diesem schrecklichen Erlebnis nicht mehr aufsuchen, ich konnte es einfach nicht mehr ertragen, in dieser Praxis zu sein und ihm gegenüberzusitzen.

Als ich zeitnah einen Termin bei einem neuen Frauenarzt bekam, sagte ich gleich Stéphane Bescheid. Zuerst dachte ich, dass er vielleicht dagegen sein könnte und dass das jetzt alles ein wenig überstürzt für ihn war, aber genau das Gegenteil war der Fall! Er war sofort Feuer und Flamme und versuchte sogar, dass er an diesem ersten Termin dabei sein konnte. Und er schaffte es! So gingen wir in die Praxis und schon als ich sie betrat, wusste ich, dass ich hier bestens aufgehoben war. Auch bei den Untersuchungen hatte ich dieses Gefühl. Dieser Arztwechsel war die richtige Entscheidung von mir gewesen.

Als nächstes besuchten wir ein Kinderwunschzentrum. Dort musste ich leider mein Trauma von der Totgeburt noch einmal erzählen. Dabei rollten wieder Tränen, mir fiel es einfach immer noch sehr schwer, über unser Baby, das nicht leben durfte, zu sprechen. Die Leute in der Klinik hatten sehr viel Einfühlungsvermögen mit uns und waren sehr empathisch. Sie sprachen uns Mut zu und sagten, dass sie uns helfen würden und ich glaubte daran.

Wieder musste ich ein paar Untersuchungen über mich ergehen lassen, welche ich aber nicht weiter schlimm fand, denn die Vorfreude auf eine erneute Schwangerschaft überwog alles. Bei meinem nächsten Zyklus wurde eine Therapiemethode gestartet, in der mir an bestimmten Zeitpunkten Hormone gespritzt wurden. Und siehe da, sie halfen sofort, denn ich wurde auf der Stelle schwanger.

Als uns im Dezember 2013 die gute Nachricht erreichte, dass ein neues Leben in mir heranwuchs, waren wir alle sehr glücklich. Ich freute mich so sehr auf ein neues Baby - doch im Hinterkopf hatte ich noch immer unser verstorbenes Baby. Teilweise beschlich mich auch ein schlechtes Gewissen und ich fragte mich, ob die neue Schwangerschaft wirklich Gottes Wille war, da es mit der Chemie-Methode etwas schnell gegangen war. Niemals im Leben hatten wir damit gerechnet, dass ich nach alledem, was passiert war, so bald wieder schwanger werden würde.

Ich war hin- und hergerissen. Auf der einen Seite freute ich mich sehr, auf der anderen Seite wusste ich nicht, wohin mit meinen negativen Gedanken. Dazu fragte ich mich, ob es vielleicht nicht doch besser gewesen wäre, mit den Leuten aus dem Dorf in meinem Heimatland die Situation zu lösen. Denn als wir damals über zwei Jahre auf Grace warten mussten, führte ich ein traditionelles Ritual in Kamerun durch und wurde anschließend schwanger.

Stéphane und ich entschlossen uns aber dazu, dass wir die Menschen aus meinem Dorf nicht über das schwere Schicksal unseres Babys informieren wollten. Das wäre alles wieder mit vielen schlimmen Erinnerungen und Schmerzen verbunden gewesen. Wir lebten jetzt hier in Deutschland mit unserer kleinen Familie und das sollte auch so bleiben. Obwohl wir so dachten und uns auch sicher waren, dass das der richtige Weg war, hatte ich zum Teil trotzdem große Bedenken, dass uns von dort jemand bösartige Gedanken oder einen schlimmen Fluch sendete. Normalerweise lebten die Menschen dort eher in Frieden und waren sehr liebe- und verständnisvoll, aber man wusste ja nie, wie jemand reagierte, wenn man gegen Traditionen verstieß.

Ich konnte mich noch genau daran erinnern, welche Rituale durchgeführt wurden, als wir nach der Hochzeit versuchten, schwanger zu werden. Meinen Eltern mussten wir Geld zukommen lassen, damit sie bestimmte Materialien dafür kaufen konnten. Diese sollten sie dann an uns schicken, damit wir das Ritual zuhause durchführen konnten. Damals schon hieß es, dass ich die Leute aus meinem Dorf vergessen hätte, sie vernachlässigen und nicht an sie denken würde. Ab und an fielen auch die Worte, dass der ein oder andere nicht mit meinem Verhalten zufrieden war. Dabei stimmte das alles nicht, ich dachte fast jeden Tag an meine alte Heimat in Kamerun. Jedoch hatten wir nach der Hochzeit viel mit uns zu tun, wir hatten unseren Kinderwunsch, ich die Hochschule und Stéphane einen neuen Job, dazu zogen wir noch um. Hierbei hatten wir nicht immer Zeit, in die alte Heimat zu fliegen. In den letzten Jahren versuchten wir jedoch immer, einmal im Jahr unseren Urlaub dort zu verbringen.

Nach der Geldübergabe und all den Ritualen damals gingen wir trotzdem in ein Kinderwunschzentrum und ließen uns dort helfen. Ich betete zu der Zeit viel und konnte nicht sagen, ob ich durch die Rituale oder durch meine Gebete schwanger geworden war. Meine Gebete gingen und gehen immer an meine Familie hier in Deutschland, an meine Familie in Kamerun und an all die Menschen aus meinem Dorf. Für Stéphane und mich stand immer Gott im Vordergrund, der Schöpfer von allem.

Kinderwunschkliniken, traditionelle Rituale und einfach nur Hoffnung können bestimmt auch helfen, schwanger zu werden - aber ohne den Schöpfer ist alles umsonst. Schon bei unserer Geburt wird unser Schicksal bestimmt. Sicher hatte Gott etwas ganz Bestimmtes mit unserem Baby vor, deshalb nahm er es uns schon so früh.

Warum dachte ich so: Gott begleitet jeden Menschen von uns. Die einen spüren ihn mehr, weil ihr Glaube tiefer ist, die anderen weniger, weil sie es sich nicht vorstellen können. In einem Kinderwunschzentrum hat Gott auch seine Hände mit im Spiel – immer. Mediziner können ohne Gottes Hilfe keine Menschenleben retten. Ohne ihre Intelligenz, die ihnen Gott schenkt, könnten sie diesen Beruf niemals ausführen. Ohne Verstand könnte man auch keine Medikamente herstellen beziehungsweise entwickeln, die zum Beispiel Menschen helfen, schwanger zu werden oder schwere Krankheiten zu überwinden. Für Rituale spricht man zu Gott. Der Priester, der diese durchführt, richtet sein Wort immer an Gott, somit funktionieren die Rituale auch nicht ohne Gottes Hilfe.

Natürlich gab es auch einige Dinge im Leben, in denen man sich fragte: »Warum? Warum wurde mir mein Kind genommen? Warum durfte es nur eine ganz kurze Zeit in meinem Bauch leben? Warum tat man meiner Familie so etwas an?« Ich war der Meinung, dass alles, was im Leben passierte, einen bestimmten Grund hatte. Manchmal fanden wir diesen heraus und manchmal bekamen wir auf diese Fragen eben keine Antwort. Am Ende klärte sich aber immer alles auf.

Ich war nun schwanger und der glücklichste Mensch auf Erden. Diese Schwangerschaft verlieh mir neues Leben, zum Teil fühlte ich mich wie neu geboren. Ich konnte weiterarbeiten und hatte sogar Spaß und Freude daran. Unser Leben änderte sich von einem Tag auf den anderen. Es war nicht so, dass ich unser verstorbenes Baby vergaß, ganz im Gegenteil, es gab keinen Tag, an dem ich nicht daran dachte, dennoch blühte ich ganz neu auf, was auch meine Kinder und mein Mann jeden Tag mit Freude beobachten konnten.

Als sich mein Bauch immer mehr zeigte, nahm ich mir eine Woche Urlaub. Ich wollte wieder einmal wegfahren und fragte Stéphane, was er davon hielt. Wie nicht anders zu erwarten, war er derselben Meinung wie ich. Also reichte auch er einen Urlaubsantrag ein und bekam ihn gleich genehmigt. Mit der ganzen Familie gönnten wir uns nun eine Auszeit und fuhren für ein paar Tage nach Paris. Ich wollte mit dem Urlaub auch etwas Zeit schinden, damit man nicht zu früh erkannte, dass ich ein Baby erwartete. Ich nahm an, dass es meinem Arbeitgeber nicht gefallen würde, dass ich nach ein paar Monaten schon wieder schwanger war.

Unser Urlaub war traumhaft und wir hatten alle füreinander Zeit. Manchmal hatte ich das Gefühl, dass nur meine Familie und ich auf der Welt waren. Uns störte niemand, keiner wollte etwas von uns, wir wurden einfach in Ruhe gelassen. Als wir wieder zu Hause waren, musste ich natürlich zur Arbeit gehen und mir wurde klar, dass ich meiner Chefin bald von meiner Schwangerschaft erzählen musste.

Ich hatte etwas Angst davor, da ich noch nicht so lange dort arbeitete. Aber im Gegenzug dazu dachte ich mir, dass man einer Frau doch nicht böse sein konnte, wenn sie schwanger war.

An einem Morgen nahm ich meinen ganzen Mut zusammen, ging in ihr Büro und fragte sie, ob sie ein paar Minuten Zeit für mich hätte. Sie lächelte und bot mir einen Stuhl an, was ich schon einmal als ein gutes Zeichen interpretierte. Anschließend erzählte ich ihr, dass ich ein Kind erwartete. Im ersten Moment starrte sie mich mit hochgezogenen Augenbrauen an und so, als ob ich in einer anderen Sprache zu ihr gesprochen hätte.

Dann lachte sie auf einmal laut auf und fragte mich aus: »War das Kind geplant? Habt ihr eine größere Wohnung? Könnt ihr euch das überhaupt leisten? Noch ein Kind, ihr habt doch schon zwei? Wie wollt ihr das Kind denn ernähren?«

Ich konnte nicht beschreiben, was in dem Moment in meinem Kopf vorging. Sie stellte mir teilweise Fragen, die sie eigentlich nichts angingen. In meiner Familie war es schon immer so gewesen: Wenn man für ein Kind etwas zu essen hatte, dann hatte man das auch für weitere Kinder. Man musste nicht reich sein und man musste auch nicht in einer großen Wohnung leben, um glücklich zu sein. Unterstellte mir diese Frau, dass ich unverantwortlich handelte?

Nach diesem Gespräch änderte ich meine Sichtweise auf meine Vorgesetzte. Zu Beginn hatte ich gedacht, dass sie eine sympathische und liebevolle Frau war, aber wenn etwas nicht nach ihrem Kopf ging, verwandelte sie sich in einen gefühlskalten Menschen.

Ich bekam Angst. Wir lebten sowieso alle mit zu viel Angst auf dieser Welt. Ich musste ihr versprechen, dass ich nach der Mutterschutzfrist gleich wieder zur Arbeit kommen würde. Das tat ich natürlich, da ich meinen Job nicht verlieren und keinen Ärger mit ihr haben wollte.

Bevor ich dann in den Mutterschutz ging, entschloss ich mich, für all meine Kollegen etwas zu kochen. Ich wollte ihnen mit dem Essen eine Freude machen und zeigen, dass sie mir am Herzen lagen und dass ich gerne dort arbeitete. Wir hatten viel Spaß an meinem letzten Arbeitstag, auch meine Chefin war da und zeigte sich von ihrer besten Seite. Ich ging jedenfalls mit einem guten Gefühl in meinen Mutterschutz und wusste, dass mein Arbeitsplatz gesichert war.

Den Mutterschutz genoss ich in vollen Zügen. Meiner Meinung nach verging er viel zu schnell und zwei Tage vor dem berechneten Termin im August 2014 lag ich mit starken Wehen im Kreißsaal. Es war nun so weit, unser viertes Kind sollte bald das Licht der Welt erblicken. Die Geburt war nicht leicht für mich, ich hatte starke Schmerzen und tat mich sehr schwer, trotzdem blieb ich stark und am Ende hielt ich einen süßen und schreienden Jungen in meinen Armen. Der Augenblick war unglaublich! Wenn mein Sohn mich mit seinen unschuldigen Augen ansah, hatte ich das Gefühl, er wollte mir sagen, dass jetzt alles gut werden würde.

Neu war für mich, dass Stéphane bei der Geburt nicht dabei sein konnte, da er auf Emanuel und Grace aufpassen musste; mein Bruder war nach Hessen gezogen und wir konnte ihn in dieser Zeit nicht zu uns holen. Es war ungewohnt ohne Stéphane, aber ich schaffte es - gemeinsam mit den Hebammen und den Ärzten - ein gesundes Baby auf die Welt zu bringen. Dieses Gefühl schenkte mir neue Hoffnung und Kraft für eine Zukunft zu fünft.

Drei Tage nach der Entbindung durfte ich mit meinem Sohn Salomon schon nach Hause. Ich freute mich sehr darauf, mit ihm und dem Rest der Familie in den Alltag zu starten. Die acht Wochen, die ich noch daheim verbringen durfte, waren ein wahrer Segen für meine Familie und mich. Ich ging in meiner Mutterrolle völlig auf. Gleichzeitig musste ich mich wieder auf die Arbeit vorbereiten. Und natürlich auch darauf, dass sich Stéphane die nächsten zwei Monate um die Kinder kümmerte, damit ich arbeiten gehen konnte. Er hatte sich nämlich überlegt, von Oktober bis Dezember 2014 in Elternzeit zu gehen. Über das Entgegenkommen und über die Flexibilität war ich Stéphane sehr dankbar. Hätten wir nicht immer an einem Strang gezogen, wäre ein Leben, so wie wir es führten, niemals möglich gewesen.

Die zwei Monate Elternzeit von Stéphane waren eine überschaubare Zeit. Dennoch war sie nicht leicht für mich. Ich musste genügend Muttermilch abpumpen, was viel Zeit in Anspruch nahm. Dazu kam, dass Salomon nicht immer trinken wollte. Das überforderte Stéphane sehr, weil er nicht wusste, was er dann machen sollte. Er musste ja nicht nur auf unser neues Baby aufpassen, sondern auch Grace in die Schule und Emanuel in die Kita bringen und später wieder abholen. An seinem Gesicht erkannte ich schon sehr bald, dass ihm das ziemlich an die Substanz ging. Doch er jammerte nie und sagte auch nicht, dass er das nicht mehr wollte. Er hielt durch für unsere Familie.

Natürlich suchte ich nach einer Lösung, um ihm das Leben etwas leichter zu machen. Also dachten wir, dass es vielleicht besser wäre, wenn er erst mich von der Arbeit und dann Grace und Emanuel abholte. So könnte ich unserem kleinen Söhnchen die Brust gleich im Auto geben und ich wäre da, um ihm mit den Kindern zu helfen.

Wenn ich die vier Stunden auf der Arbeit war, schmerzten meine Brüste sehr. Es war immer mehr Milch darin und vor meinen Kollegen konnte ich mich schlecht hinsetzen und die Milchpumpe auspacken. Es war schwer, aber mit der Zeit erledigte sich auch dieses Problem.

Nach Stéphanes Elternzeit kamen zwei Wochen Weihnachtsferien für alle Familienmitglieder. So hatten wir wieder einmal viel Zeit für uns und konnten uns richtig ausruhen.

Nur wie sollte es nach den Ferien weitergehen, wenn Stéphane und ich wieder arbeiten gingen? Uns blieb nichts anderes übrig, als eine Kinderbetreuung zu suchen. Glücklicherweise fanden wir gleich eine passende, mit der Stéphane und ich sehr zufrieden waren und gut klarkamen. Die letzten Tage der Weihnachtsferien und die ersten Tage im neuen Jahr genossen wir noch in vollen Zügen, bevor der Alltag wieder begann.

Nach den Ferien taten wir uns alle etwas schwer damit, wieder in den gewohnten und zum Teil auch neuen Rhythmus zu fallen. Bei den Kindern merkte ich schon immer, dass sie die ersten Tage nach den Ferien etwas Probleme hatten, zum Beispiel morgens mit dem frühen Aufstehen oder abends mit dem zeitigen ins Bett gehen. Stéphane und mir ging es anfangs auch so. Jedoch war dieses Thema bald wieder vergessen.

Einige Zeit ging alles gut und verlief so, wie wir es uns vorgestellt hatten. Die Kinder gingen jeden Tag in die Schule, in die Kita und zur Tagespflege, Stéphane ging auf seine Arbeit und ich auf meine.

Wenn im Leben alles funktionierte, ging einem alles andere auch wie selbst von der Hand.

Nach einer gewissen Zeit bemerkte ich, dass unser kleiner Salomon nicht glücklich war. Er weinte und quengelte viel. Bei der Tagespflege erzählte man uns, dass er nicht gerne bei Fremden aß und dass er sich äußerst ruhig verhielt. Die Tagespflege war super und ich dachte immer, dass sich unser Sohn dort wohlfühlte, aber sie beobachtete, dass er sich sehr zurückzog, als hätten seine Eltern ihn verlassen.

Wir blieben immer im Gespräch und tauschten uns viel mit der Tagespflege aus. Schließlich kamen wir zu dem Entschluss, dass es vielleicht nur eine Phase war und wir sein Verhalten weiter beobachten wollten. Mich machte die ganze Situation unglücklich. Wenn eine Mutter wusste, dass es ihrem Kind nicht gut ging, ging es ihr auch nicht gut. Jeden Tag versuchte ich, mich auf meine Arbeit zu konzentrieren, jedoch musste ich ständig daran denken, wie mein Kind in einer Ecke saß und traurig war.

Außerdem fiel uns auf, dass Salomon nun in dem Alter war, in dem er eigentlich schon einige Wörter sprechen sollte, was er nicht tat. Uns war klar, dass manche Kinder sich etwas mehr Zeit lassen, bis sie anfangen zu sprechen. Dennoch machten wir uns unsere Gedanken. Wir stellten fest, dass es Salomon Probleme bereitete, zu reden. Er versuchte es zwar, aber heraus kam kein Ton, er bewegte immer nur seine Lippen. Teilweise hatten wir auch das Gefühl, dass er einfach keine Lust hatte, zu sprechen und er es sich lieber einfach machte: Wenn er etwas von uns wollte, zeigte er nur mit dem Finger darauf. Ihm das beizubringen, war für uns sehr schwierig, aber unsere Arbeit zahlte sich aus.

Zehn Monate später merkte ich plötzlich, dass meine Regel ausblieb. Ich dachte nicht an eine erneute Schwangerschaft, sondern schob es einfach auf den Stress der letzten Monate. Nach einer Weile griff ich dann doch zu einem Schwangerschaftstest und staunte nicht schlecht: Er zeigte an, dass ich wieder schwanger war - und das ohne irgendwelche Unterstützung!

Stéphane traute seinen Ohren nicht, als ich ihm davon erzählte. Er freute sich genauso wie ich. Wir fuhren gleich zusammen zum Arzt und ließen uns die Bestätigung geben, dass mit unserem Baby alles in Ordnung war. Der Wunsch einer großen Familie kam immer näher.

Diese Schwangerschaft war für mich nun auch die Chance, wieder länger zu Hause zu sein, um mich auch um Salomon zu kümmern. Ich hatte diesmal geplant, nach der Geburt länger Elternzeit zu nehmen, damit ich mehr Zeit mit meiner Familie verbringen konnte und auch, damit ich etwas Zeit für mich fand.

Nun musste ich noch meinem Arbeitgeber und meinen Kollegen Bescheid sagen, dass ich wieder ein Baby erwartete. Ein bisschen hatte ich Angst davor. Ich nahm mir also fest vor, dass ich mich von den Reaktionen meiner Kollegen, welche auch immer kommen mochten, nicht herunterziehen lassen würde. Ich wurde wieder Mutter und das war das Wichtigste für mich.

Dennoch war ich etwas enttäuscht als solche Aussagen wie: »Was, du bist schon wieder schwanger?« oder »Das war ein Unfall, oder?«, kamen. Ich hatte ja schon damit gerechnet und versuchte mich darauf einzustellen, aber wenn man es dann live hörte, war es doch etwas anderes.

»Ich sah dich in einem afrikanischen Kleid und fragte mich schon, ob du wieder schwanger bist«, kam von einer anderen Kollegin.

Meine Vorgesetzte war auch nicht sehr begeistert von meinen Neuigkeiten. Schon beim Gespräch mit ihr sah ich ihr an, dass sie irgendetwas plante. Sie forderte von mir, dass ich meinen Urlaub sofort auf einmal nahm, damit ich wirklich erst sechs Wochen vor dem voraussichtlichen Entbindungstermin im Mai die Firma verließ.

Ich zählte von nun an jeden Tag, bis mein Mutterschutz begann. Die Arbeit wurde immer schwerer für mich. Ich hatte mir fest vorgenommen, bis zum Ende zu arbeiten, ich wollte auch meiner Chefin und meinen Kollegen beweisen, dass ich das bewältigen konnte. Trotzdem machte irgendwann mein Körper nicht mehr mit. War ich nun daran schuld? Nein, ich versuchte wirklich, all ihre Forderungen zu erfüllen. Aber zwei Wochen vor Beginn der Mutterschutzfrist musste ich mich bei einem Besuch beim Frauenarzt übergeben.

Ich erzählte ihm, dass die Arbeit im Augenblick sehr anstrengend für mich sei. Sofort verordnete er mir eine zweiwöchige Zwangspause. Dafür war ich sehr dankbar und das Thema Arbeit war für mich somit erst einmal erledigt. Die letzten Monate der Schwangerschaft waren für mich sowieso nicht leicht gewesen, denn ich hatte wieder zu viel Fruchtwasser und einen sehr großen Bauch. Für mich war es einfach unmöglich, weiter zur Arbeit zu gehen.

Da ich nun erst einmal langsamer machen musste, stellten wir eine Haushaltshilfe ein. Diese war nicht gerade günstig, half uns jedoch sehr. Ich traute mir auch nicht mehr allein zu, die Kinder abzuholen, also half mir dabei Stéphane. Zuerst holten wir Salomon von der Tagespflege ab und während er Grace jeden Tag von der Schule abholte und Emanuel vom Kindergarten, kümmerte ich mich zu Hause um den Kleinen.

So kamen wir dem Tag der Entbindung immer näher und ich spürte, dass es nicht mehr lange dauern würde. An einem schönen sonnigen Tag war ich mit Emanuel beim Gesundheitsamt. Dort hatte er eine wichtige Untersuchung, weil er bald in die Schule kommen sollte. Als wir nach diesem Termin wieder zu Hause ankamen, fühlte ich mich sehr müde und abgeschlagen. Ab und an spürte ich auch ein kleines Zwicken und Stechen im Unterbauch, aber nicht so stark, dass es erwähnenswert gewesen wäre.

Das änderte sich in der Nacht. Aus dem Zwicken und Stechen entwickelte sich ein Schmerz, der sehr unangenehm war. Tief in meinem Inneren wusste ich, dass das erste Wehen waren, trotzdem sollte sich unser Baby noch etwas gedulden, es war noch zu früh. Außerdem hatte Emanuel am nächsten Tag ein Fußballturnier. Hierbei durften Mama und

Papa natürlich nicht fehlen. Mein Sohn sollte einen wundervollen Tag haben, also unterdrückte ich meine Schmerzen.

Zu Hause angekommen erzählte ich, dass ich Wehen gehabt hätte, seit einiger Zeit jedoch nichts mehr spürte. Nach dem Turnier wollte ich nicht länger warten und wir besorgten Ananas, die angeblich die Wehen beschleunigen sollten. Ich aß sie, aber das brachte nicht viel. Ab und zu spürte ich wieder eine Wehe, die auch gleich wieder verschwand.

Am Nachmittag gingen wir ein bisschen spazieren, doch auch das half nichts - unser Baby ließ sich Zeit. Wir hatten dennoch viel Spaß bei unserem Spaziergang und machten schöne Fotos. Danach kochten wir uns ein leckeres Abendessen und genossen den Abend zusammen als Familie.

Sobald Ruhe einkehrte, ging es plötzlich los. Die Wehen wurden stärker und ich merkte, dass es jetzt nicht mehr lange dauern würde. Bald würden wir unser fünftes Kind in den Händen halten können. Ich duschte noch schnell und packte ein paar Sachen zusammen, danach fuhren wir direkt in die Klinik nach Filderstadt. Um 22:45 Uhr kamen wir dort an. Meine Wehen waren mittlerweile so stark, dass ich das Gefühl hatte, es wäre gleich so weit.

Stéphane holte mir einen Rollstuhl, weil mir das Laufen schon schwerfiel. Unsere Kinder hatten wir alle dabei, sie waren bis zur Geburt an meiner Seite, was für mich ein sehr schönes Gefühl war. Stéphane brachte mich mit dem Rollstuhl dann in die Klinik. Dort sagte man uns, dass kein Kreißsaal frei sei. Anstatt uns Sorgen zu machen, belächelten wir alle diese Situation.

Ich war der Meinung, dass es eh noch eine Weile dauern würde und bis ich an der Reihe war, wäre sicher ein Kreißsaal frei. Aber unser Baby hatte es auf den letzten Metern ziemlich eilig. Eine Hebamme merkte das und brachte mich zu einem kleinen Wäscheraum. Dann ging alles sehr schnell.

Innerhalb einer halben Stunde war unser Baby da. Ich konnte es selbst nicht glauben und war vollkommen überrascht, als das Neugeborene plötzlich auf meiner Brust lag. Ich weinte vor Freude. Stéphane konnte nur ab und zu dabei sein, weil er auf die Kinder aufpassen musste. Doch die Hebamme und ich waren ein gutes und eingespieltes Team und brachten einen gesunden Jungen auf die Welt.

David kam acht Tage vor dem errechneten Geburtstermin zur Welt. Er war 4.000 Gramm schwer, worauf wir sehr stolz waren. Nun hatten wir vier Kinder bei uns und eines in unserem Herzen, das uns jeden Tag vom Himmel aus beobachtete. Unsere Familie wurde immer größer und wir kamen unserem Ziel immer näher.

Es war kurz nach Ostern 2016. Ein paar Tage vorher hatte meine Pastorin in Vaihingen über diese Bibelverse gepredigt: *Jesaja 66:13 Wie eine Mutter ihr Kind tröstet, so werde ich dich trösten.* Da hatte ich einen Traum während der Schwangerschaft mit David gehabt, ungefähr einen Monat vor der Entbindung.

So ging ich in meinem Traum vier Stunden lang mit Gott spazieren. Woher wusste ich, dass es Gott war? Ich musste ehrlich zugeben, dass ich es nicht wusste, dennoch spürte ich es. Die Gestalt stellte sich mir nicht vor oder gab mir irgendeinen Eindruck, dass sie Gott war. Ich sah einfach ein atemberaubendes Wesen vor mir. Es war ganz in Licht gehüllt und hatte die Stimme einer Frau. Nach einer Weile erkannte ich die Stimme einer ehemaligen Nachbarin wieder. Das verwirrte mich etwas und ich konnte nicht verstehen, warum Gott mir so erschienen war. Sie erzählte mir viele Sachen. Ich konnte mich nicht mehr an alles erinnern, aber ich hatte in diesen vier Stunden nur Frieden gespürt.

Sie führte mich durch einen sehr schönen Garten, in dem Blumen mit magischen Farben wuchsen. Ich sah auch, wie ein Engel in der Nähe eines Flusses stand und dem Wasser zusah. Ich spürte einfach einen unglaublichen Frieden, den ich vorher noch nie so wahrgenommen hatte. Ich fühlte mich wohl, geborgen und sicher in der Gegenwart von Gott. Nach ein paar Augenblicken war ich wieder auf unserer Erde. Dort stritten sich zwei Marionetten und die ganzen wunderschönen Farben der Blumen um mich herum waren auf einmal verschwunden. Die ganze Landschaft hatte sich verändert und Gott hatte mich an diesem Ort verlassen, wahrscheinlich, damit ich mich an etwas erinnerte.

Als ich von meinem Traum wieder aufwachte, war ich erst einmal völlig orientierungslos. Danach fragte ich mich, was dieser Traum zu bedeuten hatte. Ich dachte immer, ich wäre ein gutes Kind Gottes. Ich war gehorsam und kümmerte mich um meine Familie und mein Zuhause, so gut ich konnte.

Die Tage vergingen, ich las sogar einen Abschnitt in der Bibel mit dem Namen dieser Nachbarin aus meinem Ursprungsland. Langsam, nachdem ich mehrmals den Bibeltext gelesen hatte, konnte ich nun verstehen: Gott wollte, dass ich mich mit bestimmten Leuten versöhnte. Und dass mein Verlust an Frieden begann, als ich damals als junge Frau meinen Heimatort verließ. Das alles erinnerte mich an den Film ›Die Hütte‹. Manche Tränen können nur durch Gott weggewischt werden und nichts geht über den Frieden.

David erblickte ungefähr an dem Tag das Licht der Welt, als unser Baby, das wir kurz nach der Geburt verloren hatten, es auch getan hatte. Empfängnis und Geburtstag waren fast am gleichen Tag gewesen, mit ein paar Jahren dazwischen. Immer, wenn ich daran dachte, zauberte mir das ein Lächeln ins Gesicht und ich war mir sicher, dass nicht nur wir an unser verstorbenes Baby dachten, sondern auch unser Baby an uns. Für mich stand fest, dass Gott mich trösten und mir den Weg zum Frieden zeigen wollte. Liebender Vater und liebende Mutter ist gleichzeitig ER.

Für Träume kämpfen
und stark bleiben

Für Stéphane und mich stand ja schon früh fest, dass wir eine große Familie haben wollten und dieser Wunsch hatte sich trotz der schweren Zeiten niemals geändert. Ganz im Gegenteil. Je mehr Steine uns in den Weg gelegt wurden, desto mehr hielten wir an unserem Traum fest. Unser Alltag war nach wie vor ziemlich aufreibend und ohne eine gute Organisation funktionierte fast nichts. Teilweise kam es mir so vor, als würden wir nur noch nach einem bestimmten Plan leben.

Wir hatten immer sehr viel zu tun und irgendwann erkannte ich, dass die Kinder nicht zur Ruhe kamen. Eines Tages fragte ich mich, ob das der Sinn des Lebens war. Arbeiten, arbeiten und arbeiten. Wir rannten von einem Kinderprogramm zum nächsten und von einem Arzttermin zum anderen. Dennoch sagte ich immer wieder, dass ich gerne noch ein Kind wollte.

Meinem Gefühl nach war unsere Familie noch nicht komplett. Anfangs war Stéphane noch sehr skeptisch, was ich ihm gar nicht übel nahm, denn er machte sich Sorgen um mich. Aber nach einer Weile stimmte er mir zu und machte mich damit sehr glücklich. Ich spürte, dass er mit seiner

Entscheidung für ein weiteres Kind nicht nur mich glücklich machen wollte - in seinen Augen konnte ich sehen, dass auch er sich noch eines wünschte.

Nun hatten wir wieder viele Termine bei Therapeuten und Ärzten, die ich wahrnehmen musste und die ich natürlich wahrnehmen wollte. Dabei kam mir leider immer die Arbeit in die Quere. Sicherlich hätte ich einige Termine in meine Freizeit legen können, doch ich wollte niemals diese wertvolle Zeit mit meinen Kindern hinter die Arbeit anstellen.

Deshalb fragte ich im Januar 2018 meine Vorgesetzte, ob es möglich wäre, dass ich meine Arbeitszeit von fünf auf vier Tage reduziere. Zu meinem Erstaunen sagte sie gleich, dass sie in der Personalabteilung nachfragen wolle. Und ja, ich konnte in der nächsten Woche gleich mit meinen neuen Arbeitszeiten beginnen! Meine Chefin hatte auch nichts dagegen, was mich im ersten Moment sehr wunderte.

Ich fühlte mich gut mit diesem Entschluss und freute mich auf einen weiteren freien Tag in der Woche. Aber ich merkte, dass es dadurch auf der Arbeit etwas stressiger zuging und dass nun wichtige Entscheidungen getroffen werden mussten. Meine Chefin war inzwischen nicht mehr so begeistert, dass ich nur noch vier Tage in der Firma war. Immer wieder fragte sie mich, ob ich nicht doch an meinem freien Tag kommen könne, damit die Arbeit fertig werden würde.

Und was tat ich? Natürlich sagte ich »Ja« und ganz schnell war wieder alles so wie vorher. So hatte ich mir das jedenfalls nicht vorgestellt.

Wenn man im Leben nie gelernt hat ›Nein‹ zu sagen, hat man es einfach schwerer. So ein kleines Wort kann das ganze Leben beeinflussen.

Also opferte ich meinen freien Tag, obwohl ich im Herzen gerne diese Zeit mit meinen Kindern verbracht hätte. Ich fühlte mich dabei überhaupt nicht wohl, ich fühlte mich miserabel und ich hatte ein sehr schlechtes Gewissen.

Ein paar Wochen später sagte ich mir selbst, dass es so nicht weitergehen konnte. Meine Kinder vermissten ihre Mutter und ich ging daran kaputt. Das durfte nicht sein, ich musste eine Lösung für dieses Problem finden. An einem Nachmittag in der Firma, an dem alles wieder drunter und drüber ging, wurde ich immer empfindsamer und gereizter. Der Druck war mittlerweile für mich einfach zu groß, deshalb suchte ich nach einer Möglichkeit, aus dem Büro herauszukommen. Schon allein wenn das Telefon klingelte, bekam ich Panik und mein Herz schlug mir bis zum Hals. Meine Stimme zitterte und zum Teil wusste ich nicht, was ich sagen sollte. Arbeiten war für mich zum Horror geworden und ich wusste, dass es jetzt vorbei war. Ich konnte nicht mehr, mein Körper war zu stark belastet und tief in meinem Inneren herrschte das totale Chaos. Ich zog die Reißleine!

Ich brauchte unbedingt eine Auszeit, am besten ein paar Wochen Urlaub. Also planten Stéphane und ich, mit der Familie dreieinhalb Wochen Urlaub in unserem Heimatland Kamerun zu machen. Wir mussten sehr viele Vorbereitungen treffen, wie zum Beispiel für jeden ein Geschenk einkaufen, was die Wochen vor dem Urlaub schon ein wenig stressig werden ließen.

Und endlich kam die Anreise zum und der Aufenthalt am Flughafen. Dort standen Stéphane und ich dann immer unter Hochspannung, weil wir sehr darauf achten mussten, dass keines unserer Kinder verloren ging. Jedes Mal, wenn wir flogen, spielte ich mit dem Gedanken, mich bei dem zehnstündigen Flug etwas zu entspannen, aber das gelang mir meistens nicht. Ein Kind war immer wach und wollte beschäftigt werden.

In Kamerun angekommen, ging es dann gleich weiter. Wir besuchten alle Leute, die wir kannten, denn jeder wollte uns und unsere Kinder wieder einmal sehen. Wir feierten mit Freunden und Verwandten und es gab kaum einen Tag, an dem wir nicht von irgendwem eingeladen wurden. Dort aßen und tranken wir dann ohne Pause, was auch sehr anstrengend war und uns irgendwann auf den Magen schlug.

In den letzten Tagen bereiteten wir uns wieder auf den Rückflug vor und kauften noch einige Sachen ein, die man nur in Kamerun bekam oder die dort viel günstiger waren als in Deutschland. Und am Ende stand dann noch die lange Heimreise an, die man immer mit der Hinreise vergleichen konnte. Ich war zwar gerne zu Besuch in meiner Heimat und ich freute mich jedes Mal, wenn ich alle wieder sah, trotzdem musste ich zugeben, dass ich froh war, wenn wir wieder in unserem Zuhause eintrafen.

Nach dem Urlaub ging ich für ein paar Wochen zur Arbeit, bevor ich im Mai 2018 mit meinen Kindern eine Mutter-Kind-Kur antrat. Schon da merkte ich, dass mit mir etwas nicht stimmte. Zwar war ich glücklich darüber, aber irgendwie auch nicht. Ich konnte meinen Zustand schwer in Worte fassen. Was machte man, wenn man merkte, dass der eigene Körper nichts mehr meistern konnte oder wollte? Wurde ich etwa alt? Oder hatten wir uns in all den letzten Jahren einfach zu viel zugemutet? Wieso schaffte ich nicht mehr alles, wie damals? Ich bin doch noch nicht einmal vierzig Jahre!

Zur Kur fuhren wir in den Schwarzwald. Schon allein die Landschaft faszinierte mich sehr, die Berge, die Bäume, die unberührte Natur. Die Luft auf dem Land war mit der aus der Stadt gar nicht zu vergleichen. Es war wundervoll und ich hatte teilweise das Gefühl, im Paradies gelandet zu sein. Besser konnte ich es nicht beschreiben.

Dort traf ich auch andere Mütter, die mit ihren Kindern da waren, ich schloss sogar die ein oder andere Freundschaft.

Die Kinder und ich fühlten uns von Anfang an sehr wohl, geborgen und gut aufgehoben, denn es wurde sich sehr gut um uns gekümmert. Für die Kinder waren verschiedene Betreuer verantwortlich, sodass eine altersgerechte Beschäftigung für jedes einzelne Kind gegeben war. Es überraschte mich auch, dass die Erzieher vorher Kontakt mit der Schule und der Kita aufgenommen und sich über das Kind informiert hatten. ›Wie gibt es sich so?‹ und ›Wo liegen die Schwächen und Sorgen?‹ Auch waren die Erzieher immer im Kontakt mit mir und ich merkte sehr schnell, dass sie nur das Beste für uns, Mutter und Kinder, wollten.

Es gab mir ein ganz anderes, neues Gefühl, als ich merkte, dass meine Kinder und ich niemandem egal waren. Wir fühlten uns umsorgt und es wurde Rücksicht auf unsere Befindlichkeiten genommen. Es gab viele Spielangebote für Kinder und für Erwachsene. Dazu wurden Kinoabende, Massagen, Schwimmen und Basteln angeboten. Für jeden war etwas dabei und uns wurde es niemals langweilig. Wir konnten auch einfach mal nichts tun, richtig abschalten. Das waren dann die Momente, in denen man nur an sich dachte.

In der Kur waren auch viele Ärzte, die für jeden ein offenes Ohr hatten und sehr nett waren. Obwohl man wusste, dass sie sehr beschäftigt waren, ließen sie sich das in keiner Weise anmerken. Und diese Ruhe, die sie ausstrahlten, übertrug sich auch auf die Eltern und die Kinder.

Ich schlief so gut wie schon lange nicht mehr. Das schob ich darauf, dass ich wusste, dass mich am nächsten Tag nicht gleich wieder mein Alltag einholen würde und dass ich ausspannen und das tun konnte, was mir guttat. Diese wohltuenden Gedanken, mit denen ich ins Bett ging, ließen mich beruhigt einschlafen.

Wenn ich eine Anwendung hatte oder ein Kur-Angebot in Anspruch nahm, kümmerten sich die Betreuer großartig um meine Kinder. Anfangs tat ich mich etwas schwer damit, sie in ›fremde Hände‹ zu geben, aber wenn sie abends mit leuchtenden Augen von ihrem Tag erzählten, wusste ich, dass sie dort sehr gut aufgehoben waren.

Manchmal war ich allein unterwegs. Dann besuchte ich die Stadt, lernte typische Kulturen und Lebensweisen kennen und natürlich ließ ich es mir nicht nehmen, sehr viele und schöne Fotos zu machen. Schließlich wollte ich Stéphane ausführlich von unserer Kur berichten. Mit ihm telefonierte ich jeden Abend. Während unserer Gespräche und in der Nacht, wenn ich allein im Bett lag, vermisste ich ihn sehr. Tagsüber hatte ich genug Ablenkung, doch wenn ich dann einmal allein war, holte mich mein Heimweh ab und an ein.

Kochen und Putzen standen bei unserem Aufenthalt nicht auf dem Programm, nur Aufstehen und Duschen. Je nachdem, was man unternehmen wollte, wurde man einer Gruppe zugeteilt. Dreimal am Tag wurde in einer großen Kantine gegessen. Mal gab es ein Buffet, ein anderes Mal gab es eine Auswahl an Gerichten - mal waren es einheimische, mal welche, die ich noch nie zuvor gegessen hatte. Das Essen war jedenfalls immer ein Gaumenschmaus.

Zu alledem kam noch die bildschöne Landschaft hinzu, die wir auch jeden Tag erkunden konnten. Man konnte Nordic Walking im Wald machen oder einfach nur so spazieren gehen. Im Wald sah man viele Tiere und atemberaubende Wasserfälle. Die Töne, die uns die Natur bot, beruhigten die Seele und regten zum Nachdenken an.

Leider ging die Zeit viel zu schnell vorbei. Vor Antritt der Kur dachte ich, dass ich es keine drei Tage ohne Stéphane aushalten würde und am Ende der Kur hatte ich das Gefühl, dass ich nicht einmal drei Tage weg gewesen war - obwohl es ganze drei Wochen waren.

Nach der Kur fühlte ich mich trotzdem noch ausgelaugt und schlapp. Die ersten Tage zuhause gingen noch, doch dann merkte ich, dass ich immer schwächer und schwächer wurde und mir einiges nicht mehr so leicht von der Hand ging. Die Zeit im Schwarzwald hatte wohl einfach nicht ausgereicht, um zu Kräften zu kommen. Was war denn nur los mit mir? Fing so eine Depression an? Ich wusste nicht, wie ich darauf kam, aber ich bekam Angst davor, obwohl ich nicht einmal wusste, ob dies der Fall war. Ich hatte einfach zu viele Fragen im Kopf, banale Dinge, die mich beschäftigten, als ginge es um mein Leben. Eine Zeitlang sah ich alles nur noch schwarz oder weiß, dazwischen gab es nichts mehr für mich. In den schönen Dingen des Lebens konnte ich nichts Schönes mehr sehen.

Ich hatte keine Hoffnung mehr für meine Zukunft und wusste, dass ich schnellstmöglich etwas ändern musste. Ich weinte sehr oft, weil ich nicht mehr so arbeiten konnte und nicht mehr so belastbar war wie früher. Meine Traurigkeit wurde immer größer und ich konnte nicht wirklich etwas dagegen tun. Es beeinträchtigte mich sehr und auch Stéphane und die Kinder bemerkten bald, dass mit mir etwas nicht stimmte. Ich war einfach überfordert mit allem.

Nach einem langen Gespräch mit Stéphane entschied ich mich dafür, am nächsten Tag zum Arzt zu gehen, um ihm meine Situation zu schildern. Ich sah ein, dass ich Hilfe brauchte. Der Arzt war sehr freundlich und hörte sich all meine Sorgen und

Zweifel an. Er war auch sehr verständnisvoll und zögerte nicht, mir eine Krankmeldung auszustellen. Zu Beginn war ich überglücklich und freute mich erst einmal auf die freie Zeit, in der ich mich ausruhen und um meine Familie kümmern konnte. Denn das vermisste ich am meisten. Trotzdem bemerkte ich nach ein paar Wochen, dass es mir einfach nicht besser ging. Ganz im Gegenteil, ich fühlte mich immer schlechter und konnte mir mein ganzes Verhalten nicht erklären. Ich hatte doch alles, was man sich als Frau wünschen konnte. Ich hatte einen tollen Mann und wunderbare Kinder, ich hatte einen sicheren Job und ich war gesund. Das dachte ich zumindest.

Als meine Gedanken immer düsterer wurden und ich teilweise Angstzustände bekam, musste ich Ende Oktober 2018 für acht Wochen ins Krankenhaus. Dort wurde ich ambulant therapiert. Ich sollte mich erholen, an mich denken und viel spazieren gehen, eben Zeit für mich haben. In der Klinik hatte ich neben vielen Einzelsitzungen mit einem Therapeuten auch viele Gruppensitzungen. Erst jetzt erkannte ich, dass ich nicht die Einzige war, die diese Probleme hatte. Es gab noch sehr viele andere Menschen, die mit ihrem Leben nicht so klarkommen konnten, wie sie wollten. Aber woran lag das?

In den Gruppensitzungen machten wir viele gemeinsame Übungen. Vor allem übten wir ›Nein‹ zu sagen. Zu Beginn fiel uns das allen sehr schwer. Jeder hatte das Gefühl, dass er seinen Gegenüber verletzte, wenn er ›Nein‹ sagte und es dauerte sehr lange, bis man das ›Nein‹ aussprechen konnte. Wir lernten auch, dass es keine Sünde war, an sich selbst zu denken. Das war für mich als Mutter von vier Kindern leichter gesagt als getan. Doch ich spürte am eigenen Leib, dass es für meinen Geist und Körper nicht gut war, wenn ich nicht an mich dachte und wenn ich keine Acht auf mich gab.

Wenn ich nicht gesund und zufrieden mit mir war, konnte ich mich auch nicht um meine Kinder und um meinen Mann kümmern. Denn das eine hatte viel mit dem anderen zu tun. Erst in der psychosomatischen Klinik realisierte ich, dass ich nie richtig gelebt, sondern immer nur funktioniert hatte.

Ich wurde vor eine richtig schwere Aufgabe gestellt, denn ich sollte wieder von vorne anfangen, ich sollte neu geboren werden. Ich sollte mich fragen, wer oder was für mich das Wichtigste im Leben war. War es meine Karriere, war es meine Familie, war ich es selbst oder waren es meine Hobbies? Was machte mich von ganzem Herzen glücklich und wie fühlte ich mich damit? Was würde ich gerne tun, wenn ich nicht all die anderen Verpflichtungen hätte? Prioritäten setzen war sehr wichtig.

Ein Mensch hört nie auf zu lernen. Mein ›altes‹ Leben, so, wie ich es immer gelebt hatte oder so, wie es von mir erwartet wurde, dass ich es lebte, bedeutete nicht unbedingt, dass dies das richtige für mich war. Ich flog als junges Mädchen mit zweiundzwanzig Jahren nach Europa, um dort zu studieren und danach zu arbeiten. Aber wenn die Arbeit zu einer Droge wurde, dann sollte man das doch unterbinden können. Oder? Wenn die Arbeit krank machte, sollte man lernen, langsamer zu machen oder dem Ganzen komplett einen Riegel vorzuschieben. Denn eine Zukunft hatte das alles nicht.

Das alles musste ich erst begreifen und es hatte ganze acht Wochen in dieser Klinik dazu gebraucht. Es waren viele Wochen, in denen ich zwar meine Familie kaum sah, aber vieles gelernt hatte. Das Umsetzen war jedoch eine ganz andere Sache.

Bevor ich in die Klinik eingewiesen wurde, stellte ich fest, dass ich wieder schwanger war. Danke, Gott hatte mich und meine Familie wieder einmal belohnt. Und ich war mir sicher, dass mir dieses Kind durch die schwere Zeit helfen würde, mehr denn je. Denn wir kamen unserem Wunsch nach einer großen Familie mit fünf Kindern immer näher. Ich fühlte mich einigermaßen gut und war überrascht, dass ich in dieser schweren Zeit ohne jegliche Hilfe schwanger geworden war.

Ich war sehr froh über die Schwangerschaft, da ich diese auch dazu nutzen konnte, um mehr Zeit zu Hause verbringen zu können. Allerdings hatte ich immer noch das Problem, dass ich nicht ›Nein‹ sagen konnte. Trotz der acht Wochen, in denen ich es ausgiebig geübt hatte und mir auch Möglichkeiten aufgezeigt wurden, wie ich dies in Angriff nehmen konnte, fiel es mir immer noch schwer, zu meinem Gegenüber ›Nein‹ zu sagen.

Auf der Arbeit wurde es nicht leichter. Trotz der Schwangerschaft und obwohl nur vier Arbeitstage vereinbart waren, sollte ich fünf Tage die Woche arbeiten. Ich sollte für Kollegen einspringen und mehr und schneller arbeiten, da ich ja ohnehin in ein paar Wochen nicht mehr da sein würde. Doch ich konnte nicht mehr, es wurde mir alles einfach zu viel. Da nutzte ich meine Schwangerschaft als Alibi, um mehr zu Hause bei meiner Familie zu sein und mich wieder mehr um meine Kinder kümmern zu können. Der Zeitpunkt der Schwangerschaft war sehr gut geeignet, ich dankte Gott dafür. Es war für mich einfach ein Ding der Unmöglichkeit, zu diesem Zeitpunkt zur Arbeit zu gehen, deshalb war ich froh, dass ich das Problem auf diese Weise lösen konnte. Hätte ich den ganzen Tag gearbeitet, hätte ich meine ganzen Aufgaben zu Hause gar nicht erledigen können. Da waren Kinderprogramme, Therapien in der Klinik und Frauenarztbesuche. Ich hätte mich selbst kaputt gemacht und damit vermutlich auch das Leben meines ungeborenen Kindes aufs Spiel gesetzt.

Mein Mann bekam die Möglichkeit, zwei Monate, von Ende Oktober bis Ende Dezember 2018, unbezahlten Urlaub zu nehmen, dafür dankte ich Gott. Er wollte mich unterstützen und bestand darauf, dass ich mich ausruhte. Auch während ich in der Klinik war, stand er mir bei, wo er nur konnte. Und wenn meine Therapien ambulant waren, teilten wir uns die Arbeiten. Dabei stellte ich wieder einmal fest, was für ein gutes Team wir waren. Wir teilten uns ein, wer was bei welchem Kind am Morgen machen musste und wer wen in die Schule oder die Kita fuhr und wieder abholte. Die gute Zusammenarbeit war das A und O in unserer Familie, ohne diese hätte nichts funktioniert.

Mit meiner Frauenärztin sprach ich viel über die Zeit in der Klinik und über die Zustände, die zurzeit bei mir auf der Arbeit herrschten. Ich erzählte ihr, dass ich mich dort einfach nicht mehr wohlfühlte. Nach dem vierten Schwangerschaftsmonat gab sie mir dann Arbeitsverbot, weil ich frühzeitig Wehen bekam. Das schob man auf den Stress und die Sorgen, die ich hatte. Ich sollte alles so handhaben und planen, wie es meine Schwangerschaft eben zuließ.

Als Stéphane und ich an einem Abend allein auf der Couch saßen und unserem ungeborenen Sohn dabei zusahen, wie er in meinem Bauch strampelte, entschieden wir uns dazu, ihn Prince zu taufen. Wir waren beide gleich begeistert von dem Namen und wussten, dass er wunderbar zu ihm passen würde. Prince machte mir diese Schwangerschaft ganz schön schwer. Er bewegte sich sehr viel und veranstaltete in meinem Bauch immer richtig kleine Partys. Dadurch war mein Bauch sehr locker, er hatte einfach zu viel Platz und das nutzte er vollkommen aus.

Leider bekam ich wieder die Diagnose, dass ich zu viel Fruchtwasser hatte und leider auch, dass Prince viel kleiner als die anderen Kinder in diesem Alter war. Wir machten uns sehr große Sorgen und entschieden uns, zu einem Spezialisten zu gehen. Dafür nahm ich alle Untersuchungen auf mich, denn ich wollte nicht noch einmal ein Kind verlieren. Das würde ich nicht überstehen. Der Spezialist stellte jedoch dasselbe fest, wie die anderen Ärzte auch. Was bedeutete das nun für mich? Ich musste sehr gut auf mich und mein Baby aufpassen und ich durfte mir nicht zu viel zumuten.

Während meiner Schwangerschaft musste ich regelmäßig wegen der frühzeitigen Wehen Magnesium zu mir nehmen. Dann, in der 37. Schwangerschaftswoche, hatte ich einen Routinetermin bei meiner Frauenärztin.

Mit nur einem Gedanken ging ich dorthin, und zwar: »Bitte, lass mit meinem Baby alles in Ordnung sein.«

Nach der Untersuchung meinte meine Frauenärztin, ich solle nun das Magnesium absetzen und dann solle ich in die Klinik gehen und mir überlegen, einen Kaiserschnitt durchführen zu lassen.

Aber da ich schon immer gegen OPs war, suchte ich mir Hilfe bei der anthroposophischen Medizin. Dort sagte man mir, dass sie von einem Kaiserschnitt abraten würden und dass ich warten solle, bis meine Wehen von selbst einsetzten, damit ich auf natürlichem Wege einen gesunden Jungen zur Welt bringen konnte.

Bis zur vierzigsten Schwangerschaftswoche hatte ich immer noch keine echte Wehe gespürt, was mich wiederum etwas beunruhigte und unser Prince machte nicht den Anschein, als wollte er in nächster Zeit sein warmes Zuhause verlassen. Er fühlte sich in meinem Bauch einfach pudelwohl, spielte, ruhte sich aus und machte es sich gemütlich. Ich spürte fast jede Bewegung von ihm und er machte sich keine Mühe anzudeuten, dass es bald soweit war.

Dann kam der Augenblick, in dem ich richtig Angst bekam. Die Schwangerschaft erschöpfte mich von Tag zu Tag immer mehr und ich hatte teilweise nicht einmal Kraft aufzustehen. Ich war gerne schwanger, doch unter diesen Umständen war ich dann heilfroh, wenn Prince endlich da sein würde. Allerdings ließ er uns einfach warten.

In der Nacht vor dem Entbindungstermin wurde ich plötzlich sehr nervös und ich merkte, dass Panik in mir hochstieg, als ich ihn in meinem Bauch nicht mehr spürte. Das war für mich sofort ein Zeichen, dass etwas nicht stimmte. Ich weckte Stéphane auf, bat ihn mit mir zu beten und mich anschließend sofort ins Krankenhaus zu fahren. Auf der Fahrt dorthin hatte ich das Gefühl, wir würden Stunden brauchen, obwohl es nicht einmal zwanzig Minuten bis zur Klinik waren. Als wir im Krankenhaus ankamen, schilderte ich mein Problem. Die Hebammen nahmen mich sofort mit und schlossen mich an diverse Geräte an. Meine Sorgen fielen etwas von mir ab, als ich die Herztöne von Prince hörte. Er war in Ordnung, es ging ihm gut, aber seine Lage für eine normale Geburt war nicht günstig.

Eine der Hebammen schlug einen Kaiserschnitt vor. Obwohl ich gegen OPs war, überlegte ich nun, dem doch zuzustimmen. Schließlich ging es um meinen kleinen Sohn. Eine andere sagte, dass wir wieder nach Hause fahren und warten sollen, bis Wehen einsetzten und das Kind selbst auf die Welt kommen wolle. Wieder eine andere Hebamme hatte noch eine andere Lösung für uns. Ich war überfordert und bekam Angst.

Eine der Hebammen sah mir das wahrscheinlich an. Fürsorglich legte sie eine Hand auf meine

Schulter und sagte, dass ich einen Augenblick warten solle. Sie wollte noch einmal ins Büro gehen und mit ihren Kollegen über uns sprechen. Nach einer kurzen Zeit kam sie wieder zurück und verkündete uns, dass wir bleiben konnten. Prince wurde mit den Händen in meinem Bauch gewendet und so hatte ich wieder Hoffnungen auf eine ganz normale Geburt. Nach drei Stunden Warten bat ich Stéphane darum, dass er wieder nach Hause fahren solle, um sich um die anderen Kinder zu kümmern. Erst wollte er nicht gehen, weil er mich nicht allein lassen wollte. Aber war ich mir sicher, dass Prince in dieser Nacht noch nicht kommen würde. Er hatte es einfach nicht eilig, geboren zu werden. Irgendwann konnte ich meinen Mann dann doch davon überzeugen, zu fahren. Er war schließlich auch hundemüde und sollte sich etwas ausruhen. Am nächsten Tag würde die Welt sicher wieder ganz anders aussehen.

Später erzählte er mir, dass es eine gute Entscheidung gewesen war, nach Hause zu fahren. Er sagte, dass er schon während der Fahrt große Probleme damit gehabt hatte, die Augen offen zu halten und als er daheim ankam, ist er gleich ins Bett gefallen und eingeschlafen.

In der Zwischenzeit lag ich allein auf meinem Zimmer und hatte genügend Zeit zum Nachdenken. Auch wenn ich fest damit rechnete, dass Prince heute nicht mehr kam, hoffte ich so sehr, dass meine Wehen jederzeit einsetzen würden. Aber es geschah einfach nichts. Wieder hatte ich Angst um mein Kind und dachte mir, dass etwas nicht stimmen könnte. Deshalb rief ich mehrmals die Hebammen und fragte sie, wie der Plan mit mir nun war. Sie meinten, dass wir erst einmal bis zum nächsten Tag warten und dann weiterschauen würden. Diese Nachricht war ein Schock für mich und ich wusste nicht, wie ich ihnen klarmachen sollte, dass ich mir Sorgen um meinen Sohn machte. So lange konnten wir doch nicht mehr warten. Das war meine sechste Schwangerschaft und diese dauerte viel länger als die ersten. Das war nun wirklich nicht normal!

Auf einmal kam mir in den Sinn, dass es die Frauen in meinem Heimatland bei einer Geburt gar nicht so schön und komfortabel hatten wie ich hier in Deutschland. Teilweise brachten sie ihre Kinder während der Arbeit oder zu Hause zur Welt. Und wenn ein Kind auf sich warten ließ, dann blieb ihnen nichts anderes übrig, als eben zu warten. Ich konnte mich auch erinnern, dass einige Frauen in Kamerun viel spazieren gingen, um das Baby auf-zufordern, nun endlich den Bauch zu verlassen.

Bewegung war das Stichwort in meinem Fall. Also tat ich das auch. Ich ging nach draußen, stieg mehrmals die Treppe rauf und runter und lief öfter um die ganze Klinik herum. Ich war fast die ganze Nacht unterwegs und wurde immer müder, so suchte ich wieder mein Zimmer auf und ruhte mich etwas aus. Der Tag zog sich und ich wusste nicht, was ich noch tun sollte, damit die Wehen endlich einsetzten.

Am Mittag telefonierte ich kurz mit Stéphane und fragte, wie es den Kindern ginge. Bei ihnen lief alles wie gewohnt und sie warteten schon ganz ge-spannt auf ihr neues Geschwisterchen. Ich vermisste meine Familie und das schon jetzt, obwohl ich noch nicht einmal einen ganzen Tag von ihnen getrennt war. Gegen 17:30 Uhr bekam ich mein Abendessen serviert und als ich fast fertig war, spürte ich plötzlich, dass ich langsam Wehen bekam.

Zuerst dachte ich, dass es nur Einbildung wäre, aber als ich vor Schmerz dann mein Besteck fallen ließ, wusste ich, dass es endlich so weit war. Gott hatte meine Gebete erhört. Danke! Ich hätte vor Freude aufschreien und lachen können, doch der Schmerz hinderte mich daran. Sofort rief ich nach einer Hebamme und erzählte ihr, dass es langsam losging. In ihrem Gesicht sah ich ihr an, dass sie genauso erleichtert war wie ich.

»Bald werden Sie Ihr Baby in den Händen halten«, sagte sie liebevoll zu mir und siehe da, sie hatte recht, denn meine Wehen kamen immer öfter und wurden immer stärker.

Die Hebamme zögerte nicht und bereitete für mich das Entbindungszimmer vor. Währenddessen durfte ich meinen Mann anrufen. Am Anfang dachte er, dass es ein Kontrollanruf meinerseits war, als ich ihm jedoch sagte, dass es nun endlich los ging, erkannte ich an seiner Stimmlage, dass er damit nun wirklich noch nicht gerechnet hatte.

Ich stöhnte in den Hörer, als mich eine Wehe mit Wucht erwischte. Danach lachte ich und sagte zu ihm, dass er sich beeilen solle. Das war alles sehr überraschend und hektisch für ihn, aber für mich und seinen kleinen Sohn tat er alles. Selbst am Telefon merkte ich, dass er mit dieser Situation etwas überfordert war, doch er bekam das schon hin.

Leider schaffte er es nicht rechtzeitig, ich musste die Geburt allein überstehen. Um 19:55 Uhr erblickte unser kleiner Prince das Licht der Welt. Sobald er seinen ersten Atemzug tat, öffnete Stéphane die Tür des Geburtssaals. Er entschuldigte sich sofort bei mir und ich sah ihm an, dass es ihm wirklich leidtat, es nicht rechtzeitig geschafft zu haben. Ich war ihm jedoch in keiner Weise böse, denn jetzt war er ja da und konnte seinen Sohn kennenlernen und begrüßen.

Nach der Entbindung lobte mich die Hebamme und sagte zu mir, dass ich vom Anfang der Presswehen bis zum Ende der Entbindung nur fünfundzwanzig Minuten gebraucht hatte. Zuerst wollte unser kleiner Prince einfach keine Anzeichen für seine Ankunft geben und dann konnte es ihm nicht schnell genug gehen.

»Das war eine gute Leistung«, sagte die Hebamme.

Aber dieses Ergebnis vollbrachte ich nicht allein, Gott war die ganze Zeit an meiner Seite und hatte über uns gewacht.

Eigentlich war alles wie am Schnürchen gelaufen, wenn man meine Sorgen und Bedenken wegrechnete. Prince kam wirklich wie geplant am Entbindungstermin zur Welt und machte uns zu sehr stolzen Eltern. Wir hießen ihn mit Tränen in den Augen in unserer Familie willkommen und sagten ihm, dass wir ihn über alles liebten. Ich musste ihm so viel erzählen, auch wenn ich wusste, dass er mit meinen Worten noch nichts anfangen konnte. Mein vierter Sohn war nun geboren und brachte uns unserem Ziel für eine große Familie ein ganzes Stück weiter.

Stéphane durfte einen Nachmittag bei mir im Krankenhaus bleiben, dann musste er wieder einmal nach Hause gehen. Schließlich hatten wir noch mehr Kinder, um die sich gekümmert werden musste. Es fiel ihm sichtlich schwer, uns zu verlassen, jedoch wusste er ja, dass er mich jederzeit besuchen konnte. Wenn ich allein mit Prince war, erzählte ich ihm ganz viel über seine neue Familie, über seine vier Geschwister und über alles, was ich in letzter Zeit so erlebt hatte.

Prince war ein süßer Junge. Bei der Geburt wog er stolze 3.230 Gramm. Obwohl die Geburt recht schnell vonstattenging, ließ er sich vorher, ab der Wende in meinem Bauch bis zur ersten richtigen Wehe, ziemlich viel Zeit. Von anderen Frauen wusste ich, dass sie nach einer Wende sofort kräftige Wehen bekamen und das Kind dann herauswollte, doch nicht so unser kleiner Junge. Er wollte erst noch, dass ich einen halben Marathon über Treppen und durch Parks laufe, bevor er sich entschlossen hatte, zu kommen.

Er war eben etwas Besonderes, er war ein echter Prinz. *Oh my son, you are a real prince.* Sogar das Personal des Krankenhauses war erstaunt über ihn. Mehrmals hörte ich die Aussage, dass sie selten so ein süßes Baby gesehen hätten. Im Grunde waren alle Babys herzig, aber Prince hatte irgendwie noch ein gewisses Sahnehäubchen, mit dem er jeden verzauberte. Es machte mich sehr stolz, wenn ich hörte, dass andere Menschen so positiv über mein Baby sprachen.

Am nächsten Tag bekam ich Besuch von Grace, David, Emanuel, Salomon und Stéphane. Er hatte die ganze Rasselband im Schlepptau. Er sagte, dass er eigentlich allein kommen wollte, doch die Kinder hätten keine Ruhe gegeben, also hatte er sie mitgenommen. Zu groß war ihre Neugierde auf ihr neues Brüderchen. Ich war Stéphane sehr dankbar, dass er nachgegeben hatte, denn so hatte ich all meine Kinder beisammen und konnte sie alle in die Arme schließen.

Drei Tage nach der Geburt durften Prince und ich endlich nach Hause gehen. Wenn ich ihn im Arm hielt, ging ich ganz vorsichtig und sanft mit ihm um. Wenn ich mit ihm redete, war meine Stimme ruhig und einfühlsam. Zuerst zeigten wir ihm die ganze Wohnung und die Kinder taten es mir gleich und verhielten sich sehr fürsorglich und liebevoll gegenüber ihrem kleinen Brüderchen.

Die nächsten Tage und Wochen vergingen wie im Flug und wir gaben uns alle sehr viel Mühe, dass sich Prince schnell bei uns einlebte und vor allem, dass er sich bei uns wohlfühlte. Stéphane nahm sich drei Wochen Urlaub, damit er mir unter die Arme greifen konnte. Er kümmerte sich mit um den Haushalt, er kochte und er übernahm ab und an die Einkäufe. Langsam kam der Alltag wieder zurück, somit auch der ganze Stress und die Hektik. Aber diese konnten uns nichts anhaben, denn wir liebten unser Leben und wir waren die glücklichsten Menschen auf der Welt.

Meine Kinder

Ich liebte meine Kinder über alles und ich konnte mir ein Leben ohne sie nicht mehr vorstellen, auch wenn wir an manchen Tagen bis an unsere Grenzen gingen. Wir hatten uns dieses Leben ausgesucht und wir bereuten keine Sekunde davon. Jedes Kind hatte seine eigenen Eigenschaften, Besonderheiten und Charakterzüge, die ich versuchte, in jeder Lebenslage so gut wie möglich zu unterstützen.

Wir unternahmen sehr viel mit unseren Kindern und bemühten uns, sie immer bei Laune zu halten. An manchen Tagen klappte das sehr gut und an anderen, wenn einer von ihnen mal etwas schlechter gelaunt war, eher nicht. Das fanden wir nicht weiter schlimm. Schließlich zeigte uns unser ganzes bisheriges Leben, dass es nicht immer so lief, wie wir es uns gewünscht hatten.

Die Sonntage waren immer unsere Familientage. Unabhängig von Wind und Wetter planten wir wunderschöne Tage. Ob das nun ein einfacher Spaziergang war, ein Spielplatzbesuch, ein besonderer Ausflug oder ein Grillabend. Die Kinder waren immer dabei und freuten sich immer sehr, wenn es fortging. Stéphane hielt immer sehr gut durch, obwohl er sich manchmal bestimmt einen ruhigen

Sonntag gewünscht hätte, besonders nach einer langen und anstrengenden Arbeitswoche. Ich zwang ihn nie mitzukommen, aber einen Tag mit seinen Kindern konnte und wollte er sich nicht entgehen lassen.

Unser Familienleben war herrlich! Als ich als Kind davon geträumt hatte, hätte ich nie im Leben gedacht, dass es einmal so schön werden würde. Eine große Familie haben zu wollen, war immer leicht dahergesagt. Dieses Ziel jedoch zu erreichen, war ein langer und sehr steiniger Weg, verbunden mit vielen Tränen, Verlust, Zweifel, Hoffnungslosigkeit und Trauer.

Ich war schon immer der Überzeugung, dass man für seinen Traum kämpfen und niemals aufgeben sollte. Denn ich war - und bin - der Meinung, dass die Wünsche des Menschen irgendwann in Erfüllung gehen.

Wünsche, Träume und Hoffnungen liegen so nah beieinander. Also sollte man jede Chance nutzen, die einem das Leben bietet. Denn wenn man genau hinsieht, hat man mehr Chancen, als man annehmen kann. Man muss sie nur finden und sich darauf einlassen. Man muss Mut haben, zu sich und zu seinem Ziel im Leben zu stehen. Nur so kommt man weiter und wächst an seinen Stärken und Schwächen.

Und damit unsere Kinder auch immer wussten, wie sehr Stéphane und ich sie liebten, schrieb ich ihnen folgende Briefe:

Meine liebe Grace,

du warst unser erstes Baby, das wir in den Händen halten durften. Du warst so klein und wusstest gar nicht, was auf dich zukommt. Lange hast du deinen Vater und mich hingehalten, bis du dich dazu entschlossen hattest, unserer Familie beizutreten. Unsere Freude war sehr groß. Nach deiner Geburt hatte ich das Gefühl, einen Engel in den Händen zu halten. Für uns bedeutest du die ›Gnade Gottes‹, du bist unser Sensibelchen, was aber gar nicht negativ gemeint ist. Du bist ein wunderbarer Mensch und wir wollen, dass du so bleibst wie du bist und nie auf die Idee kommst, dich für jemanden zu verstellen oder zu verändern. Uns war es egal, ob du ein Mädchen oder ein Junge wirst. Wir haben mehr als zwei Jahre auf dich gewartet – du bist *unser miracle baby*. Du hast uns Hoffnung und Zuversicht gegeben, du hast uns gezeigt, dass man im Leben nie aufgeben sollte. Du bist ein sehr starkes Mädchen und wir wissen, dass du es nicht immer leicht hast mit deinen vier Brüdern. Doch du kommst damit zurecht und setzt dich gegen sie durch. Somit wissen wir, dass du gut durch die Zukunft kommen wirst. Du bist ein Segen für unsere ganze Familie, mein Schatz. Wir haben dich alle so unendlich lieb!

Mein lieber Emanuel,

Gott ist mit uns, so steht es in der Bibel. Schon immer habe ich mir einen Jungen gewünscht, der so ist wie du. Der genauso ist wie du. Doch niemals hätte ich daran gedacht, dass unser zweites Kind schon gleich ein Junge wird. Es macht mich stolz, wenn ich jeden Tag mit ansehen kann, wie du dich entwickelst und wie du uns mit deinem Lächeln zeigst, wie schön das Leben sein kann. Du bist unser starker Held, nicht nur beim Fußballspielen, sondern du bereicherst die ganze Familie. Du bist uns ein sehr guter Sohn, deiner Schwester und deinen Brüdern ein guter Bruder. Du redest viel, was dir wohl dein Vater mit in die Wiege gelegt hat. Das ist nichts Schlimmes, im Gegenteil, das wird dich in der Berufswelt einmal sehr weit bringen. Ich bin mir sicher, dass du deinen Weg später einmal gehen wirst. Mit deiner Geburt hast du mir wirklich einen sehr großen Wunsch erfüllt. Einen Jungen zu bekommen, war mir schon immer sehr wichtig. Nicht nur mir, sondern auch meiner Familie. Du bist ein Geschenk Gottes.

In meiner Heimat sind Frauen ohne Jungen als Kinder nicht sehr gut angesehen. Sie bekommen Verachtung durch die Schwiegerfamilie. Die Verachtung wird niemals ausgesprochen, aber eine Ablehnung erkennt man auch oft in dem Verhalten eines Menschen. Wenn ihr Mann eines Tages stirbt, existiert diese Frau für die Schwiegerfamilie dann einfach nicht mehr und sie wird von der Familie abgeschoben. Das hört sich nicht sehr schön an, das weiß ich, jedoch so ist oder war es nun einmal bei mir zu Hause. Heute ist es so allerdings meistens so, dass die Familien ein moderneres Leben leben und es akzeptieren, dass die Frauen nicht daran schuld sind, wenn sie nur Mädchen zur Welt bringen.

Aber selbst, wenn du ein Mädchen geworden wärst, hätten wir dich genauso geliebt wie jetzt. Unsere Liebe zu dir ist unendlich und wird nie vergehen. Du bist ein Segen für unsere ganze Familie, mein Schatz. Wir haben dich alle so unendlich lieb!

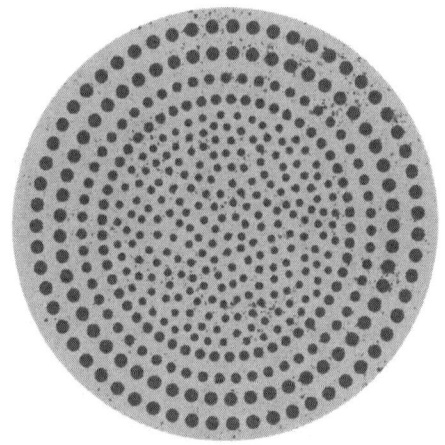

Mein lieber Salomon,

du bist unser Kämpfer und sehr weise. Auch du bist ein Geschenk für uns und ein Leben ohne dich ist unvorstellbar. Jeden Abend habe ich Gott um ein weiteres Kind gebeten. Und er hat meine Gebete erhört. Ich habe zu ihm gesagt, wenn du mir ein weiteres Kind schenkst, dann wird es dir dienen, oh Herr. Ich sagte ihm, dass ich dich nicht für mich allein behalten würde, aber dass meine Liebe zu dir unendlich und für immer sein werde.

Du hast sehr viel Fantasie und bist unser kleiner Künstler. In dir schlummert reichlich Potential, von dem du wahrscheinlich noch nicht alles erkennst. Doch ich bin mir sicher, dass du es einmal sehr weit bringen wirst. Ich weiß, dass Gott einen bestimmten Weg für dich vorgesehen hat und dass du diesen bestreiten und gehen wirst. Bei Christen sagt man, dass hinter den Mauern von Jericho der Feind seine Gaben versteckt, jedoch durch konstanten Glauben an seinen Schöpfer sieht man diese doch erscheinen. Irgendwann wirst du diese Worte verstehen und umsetzen können. Lieber Salomon, ich habe einen kleinen Tipp für dich, mein lieber Junge. Sei nicht immer so schnell verärgert, wir können schließlich über alles reden. *Laughing out loud*. Du weißt, dass dein Vater und ich immer für dich da sind und dass du mit uns über alles sprechen kannst. Du bist ein Segen für unsere ganze Familie, mein Schatz. Wir haben dich alle so unendlich lieb!

Mein lieber David,

in der Bibel steht geschrieben, dass David, der Vater, eigentlich vor Salomon geboren wurde. Aber durch euer Verhalten kann man genau erkennen, wer wie heißt. Wir lieben dich so sehr, mein Junge. Als du das Licht der Welt erblicktest, war es wie ein wahrgewordener Traum für mich. Du bereicherst unsere Familie, genauso wie deine Geschwister. Deine Entwicklung zu beobachten, macht mich sehr stolz. Du bist unser anständiger Junge. Du versuchst, es jedem recht zu machen und du versuchst, dich anzupassen. Du willst niemanden verletzen und ziehst dich eher zurück, damit andere den Platz vor dir einnehmen können. Das sind sehr gute und soziale Eigenschaften von dir, jedoch merke ich auch, dass sie dir nicht immer guttun. Zum Beispiel, wenn du weinst, weil du deinen Standpunkt nicht vertreten kannst. Habe mehr Mut, zu deiner Meinung zu stehen, mein Junge, und du wirst sehen, dass dadurch das Leben ein kleines bisschen leichter wird. Nimm dir nicht alles so zu Herzen und denke das ein oder andere Mal auch einmal an dich. Ich weiß, dass das schwer ist, denn ich muss das auch noch lernen. Du bist ein Segen für unsere ganze Familie, mein Schatz. Wir haben dich alle so unendlich lieb!

Mein lieber Prince,

wie dein Name schon sagt, bist du mein kleiner Prinz. Du bist unser fünftes Kind und du bist die Krönung unserer Familie. Du machst uns komplett und hast sehr lange in meinem Bauch ausgehalten, bis du dich dazu entschieden hast, das Licht der Welt zu erblicken. Du warst der, der sehr früh stehen und laufen konnte, das hast du deinen Geschwistern weit voraus. Du sollst unser Jüngster bleiben. Ein weiteres Kind ist nicht geplant, es sei denn, es kommt direkt von Gott. Du bist ein sehr aufgewecktes und kommunikatives Kind und wir freuen uns sehr, dass du immer und bei allem dabei sein willst. Es macht mich glücklich zu sehen, für wie viel man dich begeistern kann und mein Herz blüht jedes Mal auf, wenn deine Augen groß werden und zu leuchten beginnen, wenn du etwas siehst, für das du dich so sehr begeisterst. Es bereitet uns als Eltern auch sehr große Freude zu erkennen, dass du sehr gerne bei uns bist. Du machst uns alle und die Menschen um dich herum mit deiner freudigen Art sehr glücklich. Dich mögen alle und du bist der beste Freund von allen. Behalte diese Gaben für deine Zukunft und bleib so, wie du bist. Du bist ein Segen für unsere ganze Familie, mein Schatz. Wir haben dich alle so unendlich lieb!

Epilog

Verständnis für das Leben anderer

Es fasziniert mich, dass meine Mutter mir beinahe ihr ganzes Leben erzählt hat und ihre Geschichte berührt mich sehr. Es tut mir auch ein wenig im Herzen weh, dass ich sie wegen der vielen Kinder verurteilt und mir nicht erst ein Bild von der ganzen Sache gemacht habe.

Während sie mir ihre Geschichte erzählt hat, klebte ich regelrecht an ihren Lippen und bekam um mich herum gar nichts mehr mit. Draußen ist es mittlerweile schon dunkel und ich wundere mich, dass wir noch nicht darum gebeten wurden, das Café der Bäckerei im Milaneo-Zentrum zu verlassen.

Ich liebe die Stimme meiner Mutter. Sie konnte mich damit schon immer in den Schlaf singen, oder, wenn sie mir eine Geschichte vorlas, dauerte es nicht lange, bis ich meine Augen schloss und in das Land der Träume reiste. Meine Mutter kann nicht nur gut Geschichten erzählen, sondern auch sehr gut schreiben.

Vor ein paar Wochen erzählte sie mir, dass sie schon als Kind ›Mutter der Kinder‹ genannt wurde. Das war noch lange, bevor sie verheiratet war und selbst Mutter wurde. Sie kümmerte sich immer sehr gerne um ihre vielen Geschwister in Kamerun und nicht nur das, auch um die anderen Kinder im Dorf, wenn sie später dort im Urlaub war. Der Lieblingsvers meiner Mama für mich ist 2. Korinther 12:9. *Und der Herr hat zu mir gesagt: Lass dir an meiner Gabe genügen.*

Ich erschrecke, als die Bedienung zu uns kommt und fragt, ob wir noch etwas brauchen. Meine Mutter schüttelt den Kopf und sagt ihr, dass wir sowieso bald nach Hause müssen und dass sie die Rechnung vorbeibringen kann.

Als die Bedienung wieder weg ist, lächelt mich meine Mutter an: »Das ist meine Geschichte. Verstehst du jetzt, warum ich mir so viele Kinder gewünscht habe? Nicht nur ich, sondern auch dein Vater.«

Ich nicke und erwidere ihr Lächeln. »Ich verstehe dich«, sage ich in einem verständnisvollen Ton. »Ich werde aber niemals so viele Kinder haben wollen«, füge ich noch hinzu und nehme den letzten Schluck von meiner Limo.

Meine Mutter lacht und stellt die Teller zusammen. »Du bist noch sehr jung, Grace. Das kann sich ganz schnell ändern, wenn du später einmal den richtigen Mann für dich gefunden hast.«

Als sie mir das sagt, erkenne ich plötzlich ein Leuchten in ihren Augen und mir wird sofort klar, dass dieses Leuchten die Liebe zu meinem Vater Stéphane ist. Er steht ihr und der ganzen Familie bei, wo er nur kann. Er opfert sehr viel Zeit für uns alle und würde uns das niemals vorwerfen. Mein Vater ist der liebevollste Mensch, den ich kenne und meine Mutter erkannte diese tolle Eigenschaft an ihm von Anfang an. Er ist für uns Vater und Mutter zugleich, denn er kümmert sich genauso um den Haushalt oder geht einkaufen, wie meine Mutter. Er liebt seine Familie über alles und das zeigt er uns jeden Tag. Ich liebe ihn dafür, dass er alles für die Familie tut und ich bin so glücklich, dass sich meine Eltern damals getroffen haben. Und tief in meinem Inneren bin ich auch glücklich darüber, dass sie sich für eine große Familie entschieden haben.

Meine Eltern haben sehr viel durchgemacht und sie mussten viel für die Familie kämpfen, vor allem, dass sie so groß wird. Dabei mussten sie einen großen Verlust ertragen, denn wir haben ein Geschwisterchen, welches schon im Himmel ist. Wenn meine Mutter von ihm erzählt, habe ich immer das Gefühl, dass er hier bei uns ist.

Meine Mutter sagte schon immer zu mir, dass ich mir nicht immer alles so sehr zu Herzen nehmen solle. Das fällt mir allerdings sehr schwer. Auch muss ich lernen, dass es Dinge gibt, die ich nicht ändern kann und ich sollte nicht immer so genervt von meinen Brüdern sein. Ich liebe sie, aber manchmal ist es einfach zu viel für mich, weshalb ich mich dann zurückziehe. Ich habe mein eigenes Zimmer, während die anderen sich eines teilen müssen.

Ich spiele sehr gut Flöte und Piano, worauf ich stolz bin, genauso wie meine Eltern und wenn ich spiele, sehe ich auch in den Gesichtern von meinen Brüdern, dass sie es schön finden. Manchmal sehe und merke ich auch, dass mich meine Eltern etwas anders und besonders behandeln. Jetzt bin ich noch ein junges Mädchen, aber bald bin ich ein Teenager und ich habe noch alle Möglichkeiten, mich zu entfalten. Mir stehen alle Türen offen und irgendeine werde ich nutzen. Dabei werde ich immer von meiner Familie unterstützt und das weiß ich sehr zu schätzen.

Meine Eltern geben mir sehr viel Zeit für mich und da kommt es auch schon einmal vor, dass sie meine Brüder ganz schön ablenken müssen, damit sie mich in Ruhe lassen. Irgendwie bin ich doch ihre kleine Prinzessin. Meine Mutter erzählt mir mehr als meinen Brüdern und sie vertraut mir viel mehr an. Mein Vater schmeichelt mir immer und mir fiel schon früh auf, dass er mit mir in einer ganz anderen Tonlage als mit meinen Brüdern spricht. Ich mag es, wenn er sich zu mir beugt und mir wie einer Lady einen Kuss auf die Hand gibt. Das macht er auch nur bei mir und sagt mir somit, dass ich etwas Besonderes für ihn bin. Meine Eltern wollen mich in meiner Sensibilität nicht stören und meine Mutter gibt sich sehr viel Mühe, dass ich auch Zeit mit ihr allein verbringen kann. So wie heute.

Mein Kleiderschrank ist eine kleine Arena. Darin findet man Röcke, Jeans und afrikanische Kleider.

»Als Mädchen hast du die Möglichkeit, auch Hosen zu tragen«, sagte meine Mutter zu mir, als sie mit mir zusammen den Kleiderschrank einräumte. »Jungs haben das nicht, denn sie tragen nämlich keine Röcke.« Wenn wir einmal im Jahr nach Kamerun fliegen und die Familie besuchen, nehme ich immer die Kleider, die mir nicht mehr passen oder Spielsachen, die ich nicht mehr brauche, mit, und verschenke sie dort an die Leute. Meine Mutter sagt dann immer, dass ich ein sehr großes Herz habe. Mich macht es einfach nur glücklich, wenn ich anderen Menschen eine Freude machen und sie mit Dingen beschenken kann.

Meine Brüder spielen alle Fußball und haben regelmäßig Turniere, bei denen die ganze Familie dabei sein und zuschauen soll. Aber ich drücke mich manchmal davor. Wenn alle aus dem Haus bei diesen Spielen sind, habe ich endlich mal die Möglichkeit, für ein paar Stunden allein zu sein. Ich liebe meine Familie über alles, doch manchmal braucht man eben ein bisschen Abstand. Meine Mutter versteht mich da voll und ganz und gibt mir diese Freiheiten, statt mich zu zwingen mitzugehen.

Unser Familienleben ist eine Achterbahnfahrt der Gefühle. Mal verstehen wir uns alle sehr gut und in der nächsten Minute streiten wir, weil der eine etwas falsch verstanden hat. Sollte aus diesem Grund einer meiner Brüder weinen, nehme ich ihn in den Arm und tröste ihn, denn das ist wahre Liebe.

In meinem Leben wird es also nie langweilig. Ich muss nur lernen, mich zu entwickeln und die richtigen Gelegenheiten zu genießen. Jedoch nicht alles auf einmal, sondern Schritt für Schritt. Ich bin der Ansicht, das ist sehr wichtig, denn wenn man alles auf einmal will, dann verliert man sehr schnell das Ziel aus den Augen.

Mir wird so vieles klar, nachdem mir meine Mutter ihre Geschichte erzählt hat. Wir Menschen sollten mehr unser Leben wertschätzen und nicht alles als selbstverständlich hinnehmen. Niemand ist allein auf der Welt, irgendjemand ist für einen da und das Wichtigste ist, dass man auf die Familie zählen kann. Und das kann ich - das zeigen sie mir jeden Tag! Ich weiß, dass mich jeder einzelne von ihnen liebt, auch wenn wir streiten. Aber unsere gegenseitige Liebe ist so groß, dass wir jeden Streit überwinden. Schließlich gilt bei uns, Bibel Jakobus 1 Vers 17. *Alle guten Gaben und alle vollkommenen Gaben kommen von oben herab.*

Wir sind eine Gabe für die Welt, jeder Mensch ist eine Gabe und wertvoll. Wir sind eine große Familie und am heutigen Tag ist mir klar geworden, dass es überhaupt nicht schlimm ist, eine große Familie zu haben. Ganz im Gegenteil, es ist eine Bereicherung. Der Zusammenhalt in unserer Familie ist ein großer und wichtiger Reichtum.

Das zeigte mir besonders die Zeit in der Pandemie. Wir waren immer beschäftigt und weil wir viele Kinder sind, wurde uns auch nie langweilig. Wir unternahmen viel miteinander und spielten Familienspiele. Niemand von uns war je allein und niemand von uns wird je allein sein. Wir lieben uns und wir passen aufeinander auf. Jetzt als Kinder und später, wenn wir erwachsen sind.

In meinem Leben wird es bestimmt manchmal Hürden geben, ich muss nur noch lernen, damit umzugehen. Als Christen hat Gott uns versprochen, dass er immer bei uns ist. Er hilft uns überall, egal, welche Position wir im Leben haben.

Nachwort der Autorin

Ich erinnere mich noch, als ich nach Europa kam. Ich sah eine Anzeige an einer Tafel. Es wurde eine Katze vermisst und wer sie fand, bekam eine Belohnung von 150 Euro. Im ersten Augenblick dachte ich mir, wer denn so viel Geld für eine Katze verschwendet. Aber dann verstand ich, dass es eine Kultursache war. Und schließlich konnte es auch sein, dass diese Person niemand anderen in ihrem Leben hatte außer diese Katze. Wir Menschen sollten endlich akzeptieren, dass nicht jeder Mensch gleich ist, dass jeder Mensch so ist, wie er ist und dass es gut ist, wenn man so ist, wie man ist. Jeder darf sein Leben so leben wie er möchte, solange er glücklich dabei ist. Niemand hat das Recht, irgendwem vorzuschreiben, wie er sein Leben zu leben hat.

Einiges musste ich am eigenen Leib erfahren, als ich merkte, dass Menschen um mich herum mit Vorurteilen um sich warfen, obwohl sie mich und meine Familie überhaupt nicht kannten. Warum sind Menschen so? Viele Menschen neigen dazu, dass sie in allem Neuen erst das Negative sehen und wenn sie merken, dass das dann gar nicht so schlimm ist, dann wird es in den Himmel gelobt. Das stelle ich mir sehr anstrengend vor. Ich bin ein

Mensch, der niemals jemanden verurteilt oder jemanden beurteilt, den ich nicht kenne. Das steht mir gar nicht zu.

Als es mir nicht gut ging, grübelte ich viel über alles nach. Ich hatte kaum einen positiven Gedanken und ich konnte mich nur schwer auf das Wichtige im Leben konzentrieren. Ich machte mir einfach zu viel Gedanken über Dinge, die ich sowieso nicht ändern konnte oder über Probleme, die sich nach einer Weile von ganz allein lösten.

Ein kleines Beispiel: Für die Jungen bekam ich damals einen Kitaplatz, der dreißig Minuten von unserem Zuhause entfernt war, statt den, der nur zwei Minuten von uns weg war. Tagelang ging mir das nicht aus dem Kopf und ich musste immer wieder darüber reden und war mit dieser Situation sehr unzufrieden. Heute sehe ich dieses Problem jedoch ganz anders. Jeden Tag können wir den Weg zur Kita laufen, sind an der frischen Luft, sehen die Bäume und hören die Vögel. Und auf dem Weg dorthin reden wir viel miteinander oder singen auch mal ein Lied gemeinsam.

So versuche ich heute mein Leben zu genießen. Ich bin noch lange nicht da, wo ich sein sollte, aber wenigstens bin ich nicht mehr da, wo ich damals war. Ich versuche das zu machen, was mir gefällt und was mir guttut. Ganz gerne mag ich lange Spaziergänge, bei denen ich lerne, mich frei zu bewegen und bei denen ich unbeschwert denken kann.

Ich betrachte meine Kinder sehr gerne, weil ich kein Detail verpassen möchte. Heute nehme ich mir viel mehr Zeit für meine Familie, aber auch für mich. Ich genieße mein Leben und jeden einzelnen Moment.

Jedes Kind mit Geschwistern kann sich glücklich schätzen, weil man dann eine andere gegenseitige Liebe erfährt. Es kommt immer darauf an, wo man mit seinem Herzen hinschaut. Die Geschwister, die heute mit einem streiten, können morgen deine Erlöser sein.

Wenn man sich sein Leben lang nur Fragen stellt, kommt man nicht weit. Würde ich mir bis zu meinem Lebensende die Frage stellen, warum ich mein drittes Kind verloren habe, würde sich Folgendes in meinen Kopf brennen: Am Anfang hatte mir mein Kinderwunscharzt gesagt, dass ich keine Kinder mehr bekommen konnte. Dann wurden die Werte meines Mannes nicht an den Frauenarzt weitergeleitet, weil er sah, dass er Unrecht hatte und ich doch schwanger wurde - und das ganz ohne seine Hilfe. Bald darauf verlor ich ganze fünf Kilo innerhalb kurzer Zeit und ich ging nicht ins Krankenhaus, da mein Frauenarzt gesagt hatte, dass der Ultraschall in Ordnung sei und ich ihm vertraute.

»Machen Sie sich keine Sorgen, das kommt schon einmal vor«, sagte er zu mir. Und ich glaubte ihm, denn schließlich hatte ich selbst die Herzschläge meines Babys gehört.

Dieses Szenario würde sich immer wieder in meinem Kopf abspielen und meine Überlegungen wären immer weitergegangen, bis zu den Fragen: »Wieso musste ich Vollzeit arbeiten? Wieso bin ich an diesem Tag nicht einfach zu Hause geblieben?

Wieso habe ich mir nicht noch eine zweite Meinung eingeholt? Wieso habe ich meinem Arzt so sehr vertraut? Wieso, wieso, wieso …?«

…bis ich mich darin verlieren und daran zerbrechen würde. Aber das Leben geht weiter, auch wenn es manchmal schwer ist.

Wenn mich meine Freundin heute fragt, ob ich einen Kaffee mit ihr trinken möchte, dann sage ich nicht, dass ich keine Zeit habe, sondern, dass ich mir dafür Zeit nehme. Genauso mache ich es auch mit dem Schreiben (m)eines Buches. Warum habe ich nun dieses Buch geschrieben? Irgendwann, seit ich mich mehr mit mir selbst beschäftige, habe ich gemerkt, dass ich diese Gabe besitze und während Corona hatte ich mehr Zeit als sonst.

»Wenn die Francine schreibt, schreibt sie wie in der Bibel«, hörte ich schon einmal jemanden über mich in meiner Kindheit sagen. Allerdings auch Sätze wie »Schreib nie wieder!" bekam ich von Leuten an den Kopf geworfen, die meine Meinung hörten und meine Geschichten gelesen hatten. Aber davon lasse ich mich nicht verunsichern. Als Kind habe ich schon immer gerne ein Tagebuch geführt und wer weiß, vielleicht folgt früher oder später auch ein Blog.

Danksagung

Ganz herzlich möchte ich meinen Eltern danken. Danke, dass ihr immer für mich da seid und hinter mir steht.

Die Autorin

Francine Feuné wurde 1983 in Kamerun geboren. Nach dem Abitur studierte sie zuerst Angewandte Allgemeine Sprachwissenschaft in Kamerun, dann erfolgreich Mediapublishing in Deutschland und arbeitete anschließend einige Jahre in der Verlagsbranche. Inzwischen lebt sie glücklich mit Mann und Kinder in Baden-Württemberg und ist in ihrer Freizeit in Vereinen und ihrer Kirchengemeinde aktiv. Wenn der Alltag und die Familie ihr Zeit lassen, widmet sich die Autorin dem Schreiben.

Humorvoll, crazy, lustig! Endlich mal wieder lachen! Ein Feuerwerk von zweiundzwanzig schrägen Geschichten, präsentiert von Regina Rothengast aus dem Main-Tauber-Kreis.

Die junggebliebene Autorin beschreibt in ihrem Debüt katastrophale Begebenheiten auf Reisen, den Alltag mit seinen Tücken, Chaos im Familienleben oder die Auseinandersetzung mit dem Älterwerden; einfach echte »Gute-Laune-Geschichten«. Wetten, dass diese Stories ein Schmunzeln in Ihr Gesicht zaubern?! ISBN 978-3-948818-050

In seinem Debüt erzählt Martin Bartholme in einer spannenden Mixtur von den kleinen und großen Momenten im Leben, von Augenblicken des Glücks und der Hoffnung, aber auch der Angst und Verzweiflung. Der Autor findet zudem auch für ernste und gesellschaftskritische Themen die passenden Worte.

Sechsundzwanzig berührende Geschichten voller Atmosphäre und Tiefgang über Liebe und Schmerz, Hoffnung und Melancholie. Erhältlich auch als Hörbuch-CD. ISBN 978-3-948818-005

www.brandes-verlag.de